NOTICE BIOGRAPHIQUE

SUR

GUILLAUME-LOUIS DU TILLET

DERNIER ÉVÊQUE D'ORANGE

PAR

L'ABBÉ S. BONNEL,

PRÊTRE DE LA CONGRÉGATION DE NOTRE-DAME-DE-SAINTE-GARDE

Conserver la couverture

MEAUX

IMPRIMERIE & LIBRAIRIE CH. COCHET

16, RUE SAINT-ÉTIENNE, 16

1880

NOTICE BIOGRAPHIQUE

SUR

GUILLAUME-LOUIS DU TILLET

DERNIER ÉVÊQUE D'ORANGE.

Meaux — Imprimerie Ch. Cochet.

Monument élevé à Mgr du Tillet, le 29 Décembre 1869
dans l'Église Cathédrale d'Orange.

Imp. Lagier-Fornery — Avignon

NOTICE BIOGRAPHIQUE

SUR

GUILLAUME-LOUIS DU TILLET

DERNIER ÉVÊQUE D'ORANGE

PAR

L'ABBÉ S. BONNEL,

PRÊTRE DE LA CONGRÉGATION DE NOTRE-DAME-DE-SAINTE-GARDE

MEAUX

IMPRIMERIE & LIBRAIRIE CH. COCHET

16, RUE SAINT-ÉTIENNE, 16

1880

A SA GRANDEUR,

Mgr LOUIS-ANNE DUBREIL,

ARCHEVÊQUE D'AVIGNON.

MONSEIGNEUR

Encouragé par le Vénérable Évêque de Meaux. Mgr Allou, qui, malgré son grand âge, a bien voulu m'aider de ses conseils et de ses lumières, j'ai essayé de raconter la vie de Mgr Du Tillet, dernier Évêque d'Orange.

L'hommage de cet opuscule vous revient, Monseigneur, à un double titre : car Vous n'êtes pas seulement l'héritier de son sceptre pastoral; mais vous continuez parmi nous les traditions de ses grandes vertus, et surtout de cette charité qui fit bénir son nom, et qui le rend encore aujourd'hui populaire.

Qu'il me soit donc permis d'écrire votre nom à côté du sien, en témoignage du profond et religieux respect avec lequel je suis,

Monseigneur,

de Votre Grandeur,

le très humble et très obéissant serviteur,

S. BONNEL,

Prêtre de D.-N. de Sainte-Garde.

Orange, le 15 Novembre 1879.

LETTRE DE Mgr L'ARCHEVÊQUE D'AVIGNON
A L'AUTEUR

Mon Révérend Père,

Vous avez eu l'heureuse idée d'écrire la vie de Mgr Du Tillet, qui fut confesseur de la foi, et qui a été le dernier évêque d'Orange, le dernier anneau de cette glorieuse chaîne d'Évêques dont saint Eutrope a été le premier.

Je vous en remercie. Nous lirons tous votre œuvre avec intérêt et avec la plus vive reconnaissance. S'il est bien de prier pour les morts qui ont été nos bienfaiteurs et que nous avons aimés, il n'est pas moins louable de les faire revivre, en perpétuant, comme vous l'avez fait, le souvenir de leurs bienfaits et de leurs vertus.

Recevez, Mon Révérend Père, l'assurance de mes sentiments affectueux et dévoués.

† LOUIS, arch. d'Avignon.

Avignon, 27 novembre 1879, fête de Saint-Siffrein.

PRÉFACE

Quatre-vingt-cinq ans se sont écoulés depuis le jour où quelques serviteurs dévoués déposaient sans honneurs, dans un coin du cimetière de Melz-sur-Seine (1), les restes inanimés d'un maître chéri et respecté. Tristes, les yeux pleins de larmes, le cœur abreuvé d'amertume, ils confiaient à la terre la dépouille mortelle de Guillaume-Louis Du Tillet, le dernier évêque d'Orange.

Dans ces temps malheureux où tout culte extérieur était interdit, les prières de l'Eglise ne consacrèrent pas cette tombe ; la croix n'en fut pas la gardienne ; l'affection et la reconnaissance seules veillèrent et pleurèrent sur elle. Mais si Dieu a permis que son tombeau restât longtemps sans gloire, il n'a pas voulu que le souvenir des vertus du pieux évêque fut enseveli avec lui.

Dès les premières années de ce siècle, la Société d'Agriculture de Provins avait eu la pensée de faire placer une pierre funéraire sur la tombe de M. du Tillet, avec une inscription rappelant ses vertus ; mais ce projet n'a jamais été mis à exécution Il était réservé à la ville d'Orange, qui avait été l'heureux

(1) Melz-sur-Seine, petite commune de l'arrondissement de Provins, dont la population presque entière est répartie entre les deux hameaux de Blunay et Maulny.

témoin de son zèle, de lui payer ce témoignage de reconnaissance. Le baron Goswin de Stassart, nommé sous-préfet d'Orange en 1809, fut frappé, à son arrivée dans notre ville, des nombreux et touchants souvenirs que M. du Tillet avait laissés dans le cœur de ses diocésains, et il s'empressa de faire élever dans la cathédrale d'Orange un monument funèbre à la mémoire de ce digne prélat.

Le souvenir de notre dernier évêque est encore si vivant dans Orange, que la municipalité, pour répondre à des vœux plusieurs fois exprimés, a donné, en 1876, le nom de Du Tillet à une de nos principales rues (1).

Nous espérons que, grâce à une souscription ouverte dans la ville de Provins, sur l'initiative de M. Gautier, le cimetière de Melz aura bientôt un modeste monument élevé sur le lieu même de la sépulture de M. du Tillet.

Prêtre de la ville d'Orange, nous avons désiré, nous aussi, payer à ce bon pasteur notre dette de reconnaissance, et nous déposons sur sa tombe ces quelques pages, où nous essayons de rappeler les vertus dont sa vie fut remplie.

Nous avons été puissamment aidé dans notre travail par une biographie manuscrite faite en 1812 par Martin Coulombeau (2), régisseur des biens de notre

---

(1) Cette rue, située près le palais épiscopal, aboutit de la rue de la Meyne à l'église paroissiale Notre-Dame; elle s'appelait auparavant rue du Vieux-Cimetière.

(2) Pierre-Martin Colombeau (prononcez Coulombeau), né à Avignon en 1748, résidait à Saint-André-des-Ramières, où M. du Tillet lui avait donné un petit lot de terre et un logement pour sa

évêque; par une longue lettre (1), datée du 20 juillet 1809, de M. Jean-Louis Gautier (2), serviteur fidèle et dévoué de M. du Tillet dans les dernières années de sa vie, et par les renseignements précieux que M. Germain Gautier, son fils, nous a fournis avec une bienveillance dont nous le remercions sincèrement.

Qu'il nous soit permis d'offrir l'expression de toute notre gratitude à Mgr l'Évêque de Meaux, qui, malgré son grand âge, a bien voulu revoir lui-même notre travail, et se charger de le faire imprimer.

---

famille. Après la Révolution, il se retira à Sablet, où il est décédé en 1834, jouissant d'une excellente réputation.

(1) Cette lettre est très probablement adressée à M. Claude Millet, qui était alors premier vicaire de Notre-Dame, et jouissait d'une grande considération. Il devint curé en 1815 et mourut en 1839.

(2) Jean-Louis Gautier, né à Orange en 1769, mort à Blunay en 1825, a laissé, entr'autres enfants, deux fils, héritiers de sa vénération pour le bienfaiteur de leur père :

Eutrope Gautier, né en 1805, ordonné prêtre à Meaux en 1831, retiré à Paris;

Et Germain Gautier, né en 1809 à Melz-sur-Seine, aujourd'hui propriétaire à Close-Barbe, commune de Sainte-Colombe, près Provins.

NOTICE

SUR

GUILLAUME-LOUIS DU TILLET

DERNIER ÉVÊQUE D'ORANGE.

I

MAISON DU TILLET.

La maison du Tillet est une des plus anciennes de l'Angoumois. On en trouve la trace en l'an 1200, dans une transaction passée le cinq des ides de mai de cette année, entre Guillaume du Tillet, chevalier de l'ordre de Saint-Jean de Jérusalem, et son frère.

Elie du Tillet, secrétaire et contrôleur général des finances de Charles d'Orléans, comte d'Angoulême, fut anobli par le roi Charles VIII en 1484, et était vice-président en la Chambre des Comptes de Paris en 1514.

Deux de ses fils portaient le nom de Jean. L'aîné, greffier en chef du Parlement de Paris, s'acquit une grande réputation dans les lettres, et mourut en 1570.

Son frère, qui avait embrassé l'état ecclésiastique, ne fut pas moins recommandable par son grand savoir. Il composa plusieurs ouvrages pour la défense de la religion, et une chronique des rois de France depuis Pharamond jusqu'à Henri II. Nommé évêque de Saint-Brieuc en 1553, il fut transféré à Meaux en 1564, et mourut le 18 décembre 1570, quelques semaines après son frère le greffier du Parlement (1).

Jean du Tillet eut pour enfants : 1° Jean II, seigneur de la Bussière, près Briare, dont un descendant, Charles du Tillet, fit ériger sa terre de la Bussière en marquisat, par lettres patentes du mois de novembre 1679; 2° Elie II, seigneur de Gouaix, grand-maître des Eaux et Forêts de France en 1575.

Ce fut un de ses fils, Jacques Ier, maître d'hôtel ordinaire de Henri IV, qui acheta, en 1613, la terre de Chalautre-la-Petite, Bouy et Montramé. Il était le trisaïeul de notre évêque d'Orange, et mourut en 1643.

Outre les terres de Gouaix et de Chalautre-la-Petite, la famille du Tillet possédait encore, dans les environs de Provins, le château de Chalmaison et le petit domaine de Blunay, paroisse de Melz-sur-Seine.

Au dernier siècle, le château de Montramé était habité par Charles-Claude, dit le Marquis du Tillet, seigneur de Bouy, Chalautre-la-Petite et Montramé,

(1) *Chronique des Evêques de Meaux* p. 82.
Notice héraldique sur les Evêques de Meaux, par A. de Longpérier-Grimoard, p. 93.
Michelin. — *Essais historiques sur le Département de Seine-et-Marne,* article de Gouaix, p. 1449.

vicomte de la Malmaison (1). Né à Paris en 1693, il fut fait capitaine de cavalerie au régiment de la reine en 1726, puis, en 1733, exempt des gardes du corps du roi; il obtint le rang de maître-de-camp (colonel) en 1737, et celui de brigadier des armées du roi en 1747. Il avait épousé, le 19 janvier 1723, Marie-Marguerite de Cœuret, seconde fille de Louis de Cœuret, seigneur de Nesles, en Vexin. Il mourut en 1769, et sa femme en 1784, âgée d'environ 87 ans.

De ce mariage naquirent neuf enfants, six garçons et trois filles, savoir :

1° Marie-Marguerite, née en 1724, mariée en 1749 à M. Chalain de Villars;

2° Rosalie-Louise, née en 1725, mariée en 1755 à M. du Champ d'Allaut;

3° Charles-Claude-François, dit le marquis du Tillet, né le 30 mars 1726, chevalier de Saint-Louis et capitaine de dragons en 1751, colonel du régiment royal d'infanterie, puis maréchal de camp en 1780, mort en 1783. Il avait épousé, en 1763, Charlotte-Geneviève Pellart de Sepval de Beaulieu, qui périt sur l'échafaud révolutionnaire, le 20 mai 1794, à l'âge de 49 ans;

---

(1) Le hameau de *Bouy*, de 300 âmes environ, fait partie de la commune de Chalautre-la-Petite, canton de Provins.

Le château de *Montramé*, situé dans la même commune, était un manoir féodal flanqué de tourelles, qui fut dévasté par les révolutionnaires, après la mort de la marquise du Tillet en 1794. Vendu au profit de la nation, il fut racheté par le marquis Alphonse du Tillet, et définitivement vendu en 1851 par ses deux enfants, le marquis Elie du Tillet et la comtesse de Clermont.

La *Malmaison* était un fief situé dans le Poitou, qui a donné son nom à plusieurs membres de la famille, dont le dernier a été Sébastien du Tillet, frère de l'évêque d'Orange.

4° Charles-Louis-Edouard du Tillet, né en 1728, d'abord exempt des gardes du corps, maréchal de camp, bailli de l'ordre de Malte en 1786, mort à Trieste en 1800, exilé par Bonaparte pour avoir refusé de signer la reddition de l'île de Malte ; il fut le dernier titulaire de la commanderie d'Ivry-le-Temple, canton de Méru (Oise), dont le revenu net pouvait être de 15,000 livres. Il avait hérité de la terre de Chalmaison, qu'il vendit avant de faire profession ;

5° Guillaume-Louis Du Tillet, évêque d'Orange, objet de cette notice, né en 1730 et mort en 1794;

6° Jean-Louis du Tillet, écuyer, né en 1731, d'abord mousquetaire, capitaine de cavalerie en 1762, chevalier de Saint-Louis ;

7° Marie-Odille-Charlotte, née en 1732, mariée en 1786 à son parent Antoine du Tillet, marquis de la Bussière, président en la Chambre des Comptes ;

8° Alexandre-Charles-Sébastien, vicomte de la Malmaison, né en 1735, capitaine au régiment royal d'infanterie, mort à Blunay le 1er juillet 1787 ;

9° Antoine-Charles-Pierre du Tillet de Lunay, né en 1736, capitaine au régiment royal d'infanterie, chevalier de Saint-Louis, retraité avec le grade de major, mort en 1815. Il avait épousé, en 1795, Delphine-Alexandrine de Sigy, morte au château de Mons en 1848.

Les armes propres des Du Tillet étaient d'or, à la croix de gueules pattée et alaisée.

L'écusson de l'évêque d'Orange était écartelé aux 1er et 4e d'azur au chevron d'or accompagné de trois molettes d'or à cinq pointes ; aux 2e et 3e d'or à trois chabots de gueules posés 2 et 1, qui est de Chabot;

Et sur le tout d'or, à la croix pattée et alaisée de gueules, qui est de du Tillet.

Supports : deux lions; cimier : une couronne de marquis surmontée du chapeau d'évêque.

M. de Longperrier, si versé en cette matière, n'a pu nous dire à quelle alliance se rapportent le 1er et le 4e quartier, attendu qu'ils étaient portés par un très grand nombre de familles.

Quant au 2e et au 3e quartier, ils rappellent une alliance contractée en 1480 avec la famille Chabot par Jean du Tillet, chevalier, maître d'hôtel du comte d'Angoulême.

II

NAISSANCE ET PREMIÈRES ANNÉES DE GUILLAUME-LOUIS DU TILLET.

Guillaume-Louis du Tillet, cinquième enfant du chevalier Claude-Charles du Tillet, seigneur de Montramé, et de Marie-Marguerite de Cœuret de Nesles, naquit au château de Montramé, le 21 janvier 1730, et fut baptisé le même jour dans l'église de Chalautre-la-Petite. On lui donna pour parrain son frère aîné, Claude-Charles-François, qui avait à peine quatre ans, et pour marraine Guillemette-Marguerite du Tillet, sa tante paternelle, qui avait épousé son cousin germain, Louis-François du Tillet, seigneur de Chalmaison (1).

Le jeune du Tillet appartenait à une de ces nobles familles où les vertus sont héréditaires. Sa pieuse mère était une de ces femmes fortes qui font l'honneur de l'Eglise. Sa haute piété, son éloignement pour toutes les frivolités du siècle, les soins intelligents et dévoués qu'elle donnait à sa nombreuse famille, la faisaient citer comme le modèle de toutes les femmes de la contrée. Avec une fortune médiocre, elle sut si bien cultiver l'esprit et le cœur de ses neuf enfants qu'ils parvinrent tous à des postes honorables.

Arrivée à un âge avancé et sentant sa fin prochaine,

(1) Voir l'acte de baptême aux pièces justificatives, n° 1.

Madame du Tillet voulut rassembler encore une fois autour d'elle ses enfants, et leur laisser ses derniers conseils. Elle les exhorta à la persévérance dans les bonnes mœurs, à la pratique de la religion, qu'un chrétien doit faire passer avant tout. « Rappelez-vous, leur dit-elle, le serment de fidélité fait à votre prince et l'obligation de répandre votre sang jusqu'à la dernière goutte pour la défense de la religion et de la patrie : j'aimerais mieux vous voir mourir cent fois que d'apprendre que vous vous êtes rendus coupables de quelque lâcheté ou de quelque bassesse. »

Une telle mère ne devait rien négliger pour inspirer au jeune Guillaume-Louis les sentiments de la plus tendre comme de la plus sincère piété. L'enfant répondit à ses soins et montra de bonne heure un goût tout particulier pour la pratique de la religion.

Non loin du château de Montramé, sur le versant de la colline opposée, existait le prieuré de Soisy, devenu célèbre par la mort de saint Edme, archevêque de Cantorbéry, qui y termina sa glorieuse carrière en 1240. C'est dans cette chapelle solitaire, lieu de pèlerinage assez fréquenté, que Guillaume-Louis aimait, dit-on, à venir prier dès sa première jeunesse, et qu'il puisa peut-être le germe des vertus qui le distinguèrent dans la suite (1).

---

(1) Le prieuré-cure de Soisy dépendait de l'abbaye de Saint-Jacques de Provins. Après la suppression du culte en 1793, l'église de Soisy ne tarda pas à tomber en ruines. Touché de la dévotion que montraient encore quelques fidèles pour la mémoire de saint Edme, l'évêque de Meaux ouvrit, en 1853, une souscription pour la restauration de cette église ; il en a fait la bénédiction solennelle le 8 septembre 1854, et l'année suivante, il a obtenu pour elle le titre de succursale.

Quoi qu'il en soit, il ne tarda pas à se sentir un goût prononcé pour l'état ecclésiastique. Son père, retenu à la cour par son emploi, l'engageait à suivre la carrière des armes, que déjà trois de ses frères avaient embrassée; mais il resta ferme dans sa résolution, et ce fut sous l'œil maternel qu'il commença ses premières études, dans lesquelles il fit de rapides progrès.

Près du château où il était né, s'étend sur plusieurs lieues de longueur la forêt de Sourdun, abondante en gibier. Elevé à la campagne, favorisé d'une taille avantageuse et d'une santé robuste, le jeune du Tillet avait contracté de bonne heure la passion de la chasse. C'était chez lui, comme il l'a souvent dit plus tard, *une véritable fureur* qui devait naturellement le détourner du but qu'il se proposait. Mais les heureuses dispositions de son cœur et les observations de sa mère lui firent apercevoir le danger que courait sa vocation. Il fit donc généreusement à Dieu le sacrifice de cette passion, et il demanda avec instance à commencer ses études ecclésiastiques.

Son père, se rendant à ses vœux, l'envoya faire ses humanités chez les Génovéfains, à l'abbaye de Saint-Jacques de Provins, et plus tard sa théologie au séminaire de Saint-Magloire de Paris, où il avait obtenu une bourse pour lui. Le séminaire de Saint-Magloire était dirigé par les Oratoriens, et s'était acquis une grande réputation par ses fortes études. A Saint-Magloire comme à Saint-Jacques, Guillaume-Louis se fit remarquer par la pénétration de son esprit et l'étendue de ses connaissances.

L'affabilité de son caractère lui gagna bientôt la bienveillance de ses maîtres et l'affection de ses condisciples. Chacun désirait se l'attacher par les liens de l'amitié. Mais pour lui, convaincu que ce n'est pas dans le grand nombre des amis que se trouve le bonheur, il se contenta de mériter l'estime de tous, et se choisit parmi eux un ami selon son cœur. C'était un jeune homme de Normandie, que ses vertus et son application à l'étude rendaient recommandable. Chez tous les deux, même humeur, mêmes goûts, mêmes désirs du bien. Ce condisciple était issu de parents distingués par la naissance, mais si peu favorisés des biens de la fortune, qu'ils ne pouvaient subvenir à l'entretien convenable de leur fils. Le jeune du Tillet consolait son ami d'une gêne dont il souffrait lui-même, et partageait avec lui le peu dont il pouvait disposer. Pendant les vacances, le souvenir de son ami le poursuivait encore. L'amitié, comme la nécessité, est industrieuse. La passion de la chasse, qui n'était qu'assoupie dans le séminariste, se réveillait alors avec toutes ses ardeurs. Mais, au plaisir qu'il y prenait, se joignait maintenant une pensée plus noble, celle de devenir utile à son ami. Chaque jour, il faisait deux parts du produit de sa chasse ; l'une servait à la consommation de la maison, tandis que l'autre était vendue secrètement au marché, et le prix en était soigneusement mis en réserve pour venir en aide à son condisciple. De retour au séminaire, il s'empressait de remettre à son ami la somme qu'il avait pu se procurer. Et quand celui-ci, le cœur plein de reconnaissance, voulait le remercier, du Tillet lui répondait avec abandon : « On n'est pas ami pour rien; je suis persuadé que vous en feriez autant pour moi; j'ai autant de plaisir à vous obliger que vous en avez à recevoir cette faible marque de mon attachement. » (1). Ainsi se développait déjà dans son jeune cœur le germe de cette charité qui fut l'âme et le mobile de toutes ses actions dans les diverses positions où l'appela la divine Providence.

(1) En 1785, cet ami, dont nous regrettons de ne pas connaître le nom, étant devenu chanoine et doyen, envoya 300 livres à M. du Tillet en lui disant : « Recevez, mon bon ami, cette somme non comme un moyen de m'acquitter envers vous, mais comme une dette dont je me sens redevable envers les pauvres de votre diocèse. » Cette somme fut aussitôt remise à M. Coulombeau, qui, suivant la désignation de son évêque, la partagea entre quatre familles dont il connaissait seul les besoins.

III

SES PREMIÈRES FONCTIONS ECCLÉSIASTIQUES.

Les études théologiques de M. du Tillet s'étaient terminées avec éclat. Le 24 mars 1754, il avait été reçu licencié en Sorbonne, et dix ans plus tard, le 24 janvier 1764, il reçut le brevet de docteur.

Il paraît certain qu'il fut ordonné prêtre en 1755, sans que nous ayons pu découvrir le lieu ni l'époque précise de cette ordination. Si M. du Tillet avait connu la gêne dans sa jeunesse, il en fut bientôt dédommagé, car dès l'année 1754, et avant même qu'il fût prêtre, il était prieur commendataire de Tornac, riche bénéfice qui rapportait quinze mille livres.

Il est nommé grand-vicaire de Châlons. — M. de Choiseul-Beaupré, évêque de Châlons-sur-Marne, qui connaissait tout son mérite, le nomma grand-vicaire le 23 mai 1759, official le 22 décembre de la même année, et trésorier de la cathédrale le 30 décembre 1762 (1).

Ces faveurs, tombant sur un prêtre encore jeune, devaient naturellement exciter la jalousie; mais les talents et les vertus de M. du Tillet étaient généralement appréciés, et on applaudit à ces nominations.

Le zèle qu'il déploya dans ses fonctions et l'affabilité de son caractère lui concilièrent l'estime générale.

---

(1) A Châlons la dignité capitulaire de trésorier était à la nomination de l'Évêque.

Aussi, à la mort de M. de Choiseul, en 1763, son successeur, M. Leclerc de Juigné, s'empressa-t-il de maintenir M. du Tillet dans ses fonctions de grand-vicaire et d'official, et il lui accorda la plus grande confiance.

Prieuré de Tornac. — L'abbaye de Saint-Etienne de Tornac, ordre de Saint-Benoît, d'abord du diocèse de Nîmes et ensuite de celui d'Alais, existait dès le VIIe siècle. En 1157, elle n'était plus qu'un prieuré conventuel de l'ordre de Cluny, qui ajouta le vocable de Saint-Sauveur à celui de Saint-Etienne. Plus tard, il fut réduit au titre de simple prieuré en commende.

La nomination de M. du Tillet au prieuré de Tornac, telle qu'elle nous est racontée par Coulombeau, présente quelques difficultés; d'après lui, M. d'Ormesson, son parent, devenu président à mortier, lui donna l'indult attaché à sa charge (1). Edouard du Tillet, frère de l'abbé et exempt des gardes du corps, étant de service, obtint de Louis XV que l'indult donné à son frère, fût placé sur l'abbaye de Cluny, dont M. de La Rochefoucauld, archevêque de Rouen, était possesseur. Quelque temps après, ce prélat, qui avait des obligations à la famille du Tillet, nomma l'abbé du Tillet au prieuré de Tornac. Mais il faut

---

(1) *Indult du Parlement.* En vertu d'un privilège accordé aux rois de France, par plusieurs papes, chaque membre du Parlement de Paris avait le droit, une fois seulement, de demander au Roi qu'il voulût bien le présenter (lui-même, s'il était clerc, ou un autre clerc de son choix) à l'un des collateurs du Royaume, pour que celui-ci disposât en sa faveur du premier bénéfice à sa nomination qui viendrait à vaquer.

observer que M. d'Ormesson ne devint président à mortier qu'en 1755; M. du Tillet ayant été certainement pourvu dès 1754, il faut que M. d'Ormesson lui ait donné son indult comme avocat général, et non comme président. D'autre part, M. de La Rochefoucauld (Dominique), ne fut abbé de Cluny qu'en 1757 et archevêque de Rouen en 1759; ce n'est donc pas lui qui a pu donner le prieuré de Tornac à M. du Tillet, en 1754; mais on peut très bien croire que cette faveur lui a été accordée par M. de La Rochefoucauld (Frédéric-Jérôme), archevêque de Bourges en 1729, et abbé de Cluny de 1747 à 1757, époque de sa mort.

Quoique ce bénéfice n'obligeât pas à la résidence, M. du Tillet, chaque année, venait y passer plusieurs mois, pour s'assurer qu'il était parfaitement desservi. Autour du prieuré se trouvaient groupées quelques centaines d'habitants, dont la moitié avait embrassé les erreurs de Calvin, et nourrissait des préjugés contre le catholicisme et ses ministres.

M. du Tillet, pendant son séjour à Tornac, travaillait à détruire ces préjugés. Il visitait ces pauvres gens, se mêlait à leurs conversations, les encourageait dans leurs travaux, et surtout les soulageait par d'abondantes aumônes, sans distinction entre les pauvres de l'une et de l'autre communion. Sa douceur le fit aussitôt admirer, sa charité lui gagna tous les cœurs, et bientôt tous l'aimèrent comme un père. Il se plaisait à dire à M. Valentin, curé de Tornac, qui desservait son prieuré : « Je regarde les protestants comme mes enfants. Ce sont, il est vrai, des brebis égarées, mais Dieu peut d'un jour à l'autre les ramener à son bercail. Je dois travailler à leur retour par la douceur et surtout par la charité. Dieu m'en donne l'exemple. Ne fait-il pas germer, fleurir, fructifier les champs des protestants comme ceux des catholiques ? Aimons-nous donc les uns les autres comme des frères. »

L'entretien suivant prouve l'opinion avantageuse que les protestants eux-mêmes avaient conçue du charitable prieur. « Si M. du Tillet, disait un protestant de Tornac à M. Coulombeau, régisseur de ses biens, si M. du Tillet eût fait de notre pays sa demeure habituelle, il aurait, par sa douceur et ses vertus, converti le plus grand nombre d'entre nous. Nous l'aimions comme un père. » Voici, ajouta-t-il, un fait dont j'ai été témoin, et qui m'a inspiré pour sa personne la plus profonde vénération : J'étais un jour dans une de mes propriétés, assis à l'ombre d'un figuier; personne ne soupçonnait ma présence. Tout auprès de moi, un paysan cultivait son champ bordant le grand chemin; M. du Tillet, seul, avec son bâton, arrive, en se promenant, auprès de cet homme qu'il ne connaissait pas, le salue amicalement, selon sa louable coutume, et, le voyant tout couvert de sueur, il lui recommande de ménager ses forces. Celui-ci le remercie de son attention, en lui disant qu'il fallait bien travailler pour donner du pain à sa nombreuse famille.

— Combien avez-vous d'enfants ? lui demanda le prieur.

— Monsieur, j'en ai neuf.

— C'est la bénédiction du mariage qu'une nombreuse famille.

— Oui, mais c'est aussi une lourde charge quand on est pauvre.

— C'est vrai, mon ami, les pères et les mères doivent se donner beaucoup de peine pour élever leurs enfants selon l'état où la Providence les a fait naître. M. Valentin vous donne-t-il quelque secours pour vous aider ? Lui envoyez-vous vos enfants pour qu'il les instruise ?

— Non, monsieur, je ne suis point né dans la religion romaine.

— Cela peut être une raison pour ne pas lui envoyer vos enfants, mais ce n'en est point une pour vous exclure des bonnes œuvres que nous sommes obligés de répandre sur tous les pauvres. J'ai toujours recommandé à votre curé de ne faire aucune différence entre les indigents de l'une et de l'autre religion. Il suffit que vous soyez pauvre et honnête homme pour avoir droit à notre bienveillance.

Il prit son nom, lui donna un louis, lui promit de parler de lui à M. Valentin, et le quitta en disant : « Mon cher ami, si jamais Dieu vous fait la grâce de vous éclairer, vous comprendrez que ce sont les passions des hommes qui sont les seules causes du schisme qui vous sépare de la religion catholique ; soyez honnête et Dieu aura pitié de vous. »

M. du Tillet continua sa promenade, laissant notre paysan comblé de joie et plein de reconnaissance pour tant de bontés. Ce bon père de famille fut recommandé à M. Valentin, et eut dès lors une part dans la distribution des secours que M. du Tillet laissait chaque année pour le soulagement des pauvres. De retour dans sa maison, le paysan raconta à sa famille l'heureuse visite qu'il avait eue, et montra le louis qu'il avait reçu. Quelques mois après, la famille entière, instruite des vérités de la religion, faisait son abjuration entre les mains de M. Valentin. Grande fut la joie de M. du Tillet en apprenant, à son retour dans son prieuré, cette heureuse nouvelle! « Bénissons le Seigneur, dit-il à M. Valentin, de ce qu'il a bien voulu exaucer ma prière en faveur de cette famille. »

C'est ainsi que M. du Tillet faisait servir au bien de la religion ses qualités personnelles et les richesses que la Providence lui avait confiées. Il se regarda toujours comme l'économe des pauvres, ne prenait sur les revenus de son prieuré que la somme nécessaire à un honnête entretien, et employait le reste tant au soulagement des indigents qu'à l'entretien de l'église.

Il est nommé doyen de Saint-Quiriace de Provins. — Les habitants de Provins et les prêtres de cette ville désiraient vivement attirer au milieu d'eux un compatriote d'une si grande vertu. M. Tissard de Rouvres, doyen de la collégiale de Saint-Quiriace, étant mort le 9 mars 1771, les chanoines s'empressèrent d'offrir cette dignité à M. du Tillet, qui l'accepta. Il arriva à Provins le 24 mai, et le 18 juin suivant, il fut solennellement installé chanoine et doyen du Chapitre. De son côté, le cardinal de Luynes, archevêque de Sens, le mit au nombre de ses grands vicaires (1). Toujours le premier aux offices du chœur, M. du Tillet édifiait les fidèles par sa piété et se livrait avec succès à la prédication. Ses abondantes aumônes le firent chérir de tous : aussi, quoiqu'il n'ait occupé ce poste que pendant trois ans, la ville de Provins conserve pour sa mémoire les sentiments de la plus haute vénération. Le bruit de ses vertus et de sa grande charité se répandait de plus en plus : il arriva jusqu'au trône, où venait de s'asseoir Louis XVI.

---

(1) Manuscrits de M. Ythier, dernier doyen de Saint-Quiriace, mort curé de Sainte-Croix de Provins en 1809.

IV

SA NOMINATION A L'ÉVÊCHÉ D'ORANGE.

Au mois de mai 1774, François Roussel de Tilly, évêque d'Orange, ne pouvant plus, à cause de son grand âge et de ses infirmités, exercer les fonctions pastorales, se démit de son évêché, sous la réserve d'une pension de 12,000 livres. Louis XVI, qui n'écoutait que sa conscience et voulait prévenir les intrigues de cour, se hâta de désigner M. du Tillet comme évêque d'Orange, et donna ordre à l'évêque d'Autun, M. de Marbeuf, chargé de la feuille des bénéfices, de lui expédier ses lettres immédiatement.

Toute la ville de Provins connut avant lui sa nomination. Le directeur de la poste, ayant reçu la lettre sur laquelle il était qualifié d'évêque d'Orange, se hâta de la divulguer. Puis, portant lui-même cette lettre à M. du Tillet, il le salua du titre de Monseigneur.

— Est-ce que vous vous moquez de moi? lui dit celui-ci, choqué de cette appellation.

— A Dieu ne plaise, Monseigneur; tenez et lisez.

A cette nouvelle, sa modestie fut fort alarmée. Il n'avait jamais ambitionné l'épiscopat, et jamais il n'avait paru à la cour. Heureux du bien qu'il faisait autour de lui, il n'aspirait qu'à le continuer, dans la mesure de ses ressources. Aussi ne vit-il dans l'épiscopat qu'un moyen de rendre de plus grands services à l'Eglise et de soulager un plus grand nombre de pauvres. Il se rendit immédiatement chez Mme du Tillet, sa mère, alors plus que septuagénaire, pour lui faire part de la faveur dont le roi l'honorait.

— Ma mère, lui dit-il en l'embrassant, je vous apporte une bonne nouvelle : l'évêque d'Orange vient aujourd'hui dîner avec vous.

— Mais, mon bon ami, il fallait me prévenir plus tôt, répondit la mère, qui ne comprenait pas le mot de l'énigme.

— Je suis venu aussitôt que je l'ai su; mais, je vous en prie, ma mère, ne faites point de frais : je connais l'évêque d'Orange, c'est un homme sans façon, qui se contentera de notre ordinaire.

Sa mère, sans l'écouter plus longtemps, court à la cuisine pour donner des ordres. En la voyant s'éloigner, M. du Tillet se reprochait déjà de la laisser si longtemps dans l'ignorance d'un événement qui devait la combler de joie. Cependant l'heure du dîner arrive, et l'évêque d'Orange ne parait pas :

— A quelle heure, demanda Mme du Tillet à son fils, vous a-t-il dit qu'il serait ici?

— Ah! chère mère, répondit-il en se jetant dans ses bras, il est arrivé, c'est celui qui a le bonheur de vous embrasser que Dieu a daigné choisir, et que Sa Majesté a jugé digne d'être élevé à l'épiscopat, malgré son peu de mérite.

Après les premiers moments donnés à l'expression d'une joie bien naturelle, cette mère chrétienne, que les intérêts de l'Eglise touchaient plus encore que le bonheur de ses enfants, trouva dans sa foi des paroles de reconnaissance pour Dieu et des conseils pour son fils.

— Mon cher enfant, lui dit-elle, bénissons la divine Providence de vous avoir choisi pour servir son Eglise avec plus d'efficacité. Souvenez-vous que vous avez une grande tâche à remplir dans la nouvelle carrière qui s'ouvre devant vous. Vos vertus, je l'espère, vous la rendront facile. Mais surtout n'oubliez pas l'obligation que vous avez de soulager les pauvres, et principalement les pauvres honteux, de votre diocèse. De combien de grâces je me sens redevable au Seigneur. Je mourrai contente maintenant. Vos frères se sont illustrés par leur valeur; votre nouvelle dignité vous place au-dessus d'eux.

M. du Tillet se rendit à Paris pour remercier Louis XVI. Sa Majesté l'accueillit par ces paroles flatteuses : « Vous êtes le premier évêque que je nomme depuis mon avènement au trône. Je m'applaudis de mon choix, qui n'a eu pour motifs que votre propre mérite. Je crois que ce commencement sera de bon augure pour les nominations suivantes, si Dieu nous en fait la grâce. »

Guillaume-Louis du Tillet fut préconisé à Rome, comme évêque d'Orange, par Clément XIV, le 27 juin 1774, et sacré à Châlons, le 17 juillet suivant, par M. de Juigné, assisté de M. de Lastic, évêque de Rieux, et de M. de Beauvais, évêque de Senez. Avant de le voir à l'œuvre dans sa nouvelle dignité, il convient de faire connaître le diocèse confié à sa sollicitude pastorale.

V

LE DIOCÈSE D'ORANGE.

D'après une constante tradition, à laquelle les savantes recherches de M. Faillon ont récemment donné un nouveau crédit, le diocèse d'Orange, suffragant de la métropole d'Arles, remonte jusqu'au berceau du christianisme. Saint Eutrope (1), son fondateur et son premier évêque, passe pour avoir été l'un des disciples de N. S., et aurait accompagné dans les Gaules saint Maximin, premier évêque d'Aix, saint Trophime, évêque d'Arles, saint Lazare et ses deux sœurs, sainte Marthe et sainte Marie-Madeleine.

Les monuments romains encore subsistant à Orange témoignent assez de l'importance de cette ville dans les premiers siècles de notre ère.

Parmi les successeurs de saint Eutrope, nous devons mentionner comme les plus illustres :

Saint Lucius, martyr, qui fut mis à mort vers l'an 261 par Chrocus, roi des Allemands.

Saint Eutrope II, en 464.

Saint Florent de Tours, mort évêque d'Orange, vers l'an 517.

Guillaume Ier, qui fit partie de la première croisade, et fut choisi en 1098 pour remplacer Adhémar de

---

(1) *Monuments inédits sur l'apostolat de Sainte-Marie-Madeleine en Provence.* 2 vol. in-4°, 1848. — Voir pour saint Eutrope d'Orange, t. II, col. 383.

Monteil, évêque du Puy, comme chef spirituel de l'armée des croisés. Il périt la même année, au siège de Marra, d'une flèche empoisonnée.

Pierre de Surville *(de Supravillâ)*, savant canoniste, élu évêque en 1476.

Jean-Jacques d'Obeilh, qui se signala par son zèle contre les protestants, favorisa les études et fonda plusieurs œuvres de charité; il mourut en 1720, après quarante-cinq ans d'épiscopat.

A l'époque où M. du Tillet fut nommé évêque d'Orange, ce diocèse, formé de la principauté de ce nom et d'une partie du Comtat-Venaissin, ne comptait que vingt-six paroisses, y compris celle de la ville épiscopale. Dans le nombre de ces paroisses se trouvaient plusieurs petites villes et des bourgs assez importants (1). L'étendue du diocèse était d'environ 36 lieues carrées ou 58,000 hectares. Le relevé de la population d'Orange et des vingt-cinq paroisses *extrà urbem* donne aujourd'hui le chiffre de 50,866 habitants.

Les revenus de l'Evêché, insuffisants d'abord pour subvenir aux nombreuses charges de l'évêque, s'élevèrent à 24,000 livres quand M. de Tilly eut obtenu du Pape Clément XII, en 1735, l'union de l'abbaye de Saint-André-des-Ramières à la mense épiscopale. (Voir la note qui termine cet article.)

L'église cathédrale d'Orange est dédiée à Notre-Dame de Nazareth. C'était la seule paroisse de la ville. En l'an 529, Saint Césaire d'Arles dédia à la

---

(1) Voir la liste des Paroisses du diocèse d'Orange, aux pièces ustificatives, n° 2.

Très-Sainte Vierge l'église que Libérius, préfet des Gaules, venait de faire bâtir à Orange, et y présida le célèbre Concile dont les décisions sur la grâce ont été reçues par l'Eglise universelle. Cette cathédrale dévastée et détruite plusieurs fois, a toujours été rétablie sur le même emplacement. C'est un édifice qui n'a rien de monumental, comme la plupart de nos cathédrales du Midi de la France.

Le Chapitre était composé de neuf membres ; trois dignitaires, savoir :

1° Le Prévôt, recteur-né de l'Université,

2° L'Archidiacre,

3° Le Capiscol,

4° Six chanoines.

Il y avait en outre un curé dont la nomination appartenait à l'Evêque, sur la présentation du Chapitre, un secondaire perpétuel, à la nomination du Chapitre, ainsi qu'un Catéchiste et un second vicaire.

La ville d'Orange possédait quatre communautés d'hommes : les Dominicains, les Cordeliers, les Grands-Carmes et les Capucins. Le Séminaire était dirigé par les Prêtres de la Doctrine.

Il y avait de plus une Université qui conférait les grades de bachelier, de licencié et de docteur pour la Théologie, le droit canon, le droit civil, et la médecine.

NOTE SUR SAINT-ANDRÉ DES RAMIÈRES.

Le domaine de Saint-André des Ramières qui contenait, dans le principe, environ trois mille arpents en bois et terres labourables, est situé dans la paroisse de Gigondas, 15 kil. environ à l'est d'Orange. Il appartenait depuis très longtemps aux comtes de Provence qui y avaient fait construire une chapelle à Saint André, d'où il tire son nom. En 1029, le comte Geoffroi, privé de postérité, de concert avec Etiennette, son épouse, en fit donation aux religieux bénédictins de Montmajour.

En 1063, le père Raymond, prieur de Montmajour, étant venu visiter ce domaine, apprit que les bénédictines de l'abbaye de Prébayon, située à deux lieues de là dans la montagne, étaient constamment inquiétées par les incursions des voleurs et par les débordements des torrents qui, plusieurs fois, avaient envahi leur demeure. Touché de la triste position de ces saintes filles, il leur proposa la terre de Saint-André, moyennant une redevance annuelle de 60 septiers de froment et 7 septiers de pois chiches ; ce qu'elles acceptèrent avec reconnaissance. Plus tard cette redevance fut réduite à une obole d'or, et éteinte en 1258 par une bulle d'Alexandre IV. En 1268, ces religieuses furent autorisées par Clément IV. à quitter la règle de saint Benoît pour celle de saint Bruno.

L'abbaye de Saint-André, longtemps florissante, perdit peu à peu sa ferveur, et par suite, cessa de se recruter. En 1734, il n'y restait plus que trois religieuses, sans espoir d'en voir augmenter le nombre. C'est à cette époque que M. de Tilly obtint de Clément XII, par bulle du 4 des Ides de décembre 1735, la réunion de cette abbaye à la mense épiscopale d'Orange.

Cet évêque et M. du Tillet, son successeur, en firent leur maison de campagne ; ils en augmentèrent les bâtiments par des constructions aussi commodes qu'utiles, et l'embellirent par des allées de peupliers d'Italie et toutes sortes de plantations en mûriers et en oliviers. L'intérieur de la maison manquait d'eau potable ; M. du Tillet remarqua les vestiges d'une ancienne construction qui témoignait qu'autrefois une source avait jailli dans ces lieux ; il se mit à sa recherche, et après bien des efforts il découvrit dans l'épaisseur des bois la source d'eau vive tant désirée. Ce fut en 1781 qu'il amena ces eaux dans des viviers et des bassins qu'il fit construire, et par une attention délicate, il voulut faire dévier une partie de ces eaux en dehors du parc pour l'usage des fermes environnantes.

Une plaque commémorative qui existe encore fut gravée par M. Coulombeau, avec l'inscription suivante surmontée des armoiries de l'Evêque :

Fontem olim hospitem, per quadraginta annos transfugam, salubritati et amœnitati restituit Guillelmus Ludovicus du Tillet, episcopus, anno 1781.

Les terres de cette ancienne abbaye furent vendues et morcelées par le district d'Orange le 15 juin 1791. Le procès-verbal de vente mentionne 600 saumées de terre labourable, et 1800 saumées de bois ; ce qui, à raison de 50 ares par saumée, équivaut à 1200 hectares, qui ont été adjugés au prix de 460,000 francs.

Dans cette vente ne sont pas compris l'habitation du maître avec ses dépendances, un moulin à farine, des rentes en grains et en argent, et quelques terres déjà vendues. On peut juger par ces détails de l'importance de Saint-André-des-Ramières.

VI

ARRIVÉE DE M. DU TILLET A ORANGE.

On a vu que M. du Tillet avait été sacré, le 17 juillet 1774, par Mgr l'Evêque de Châlons. Le 5 août, il envoyait sa procuration au capiscol du chapitre d'Orange, pour prendre en son nom possession de son siège. Cette cérémonie eut lieu le 23 du même mois, en présence des membres du Chapitre, (1) et au milieu d'innombrables fidèles qui témoignaient, à cette occasion, la joie dont ils étaient pénétrés.

La réputation des grandes qualités de M. du Tillet l'avait précédé dans son diocèse. Il y fit son entrée solennelle le 17 septembre suivant. Une foule immense, grossie des populations voisines, se pressait au-devant de son premier Pasteur. Chacun voulait voir et admirer cet Evêque, dont on disait tant de bien, et recevoir sa bénédiction.

Son portrait. — Les documents contemporains disent que M. du Tillet était d'une constitution robuste et d'une taille élevée. Sa figure noble, au teint vermeil, ses regards, pleins de douceur, inspi-

(1) Les membres présents étaient : MM. Louis-Anatole-François-Maurice de Georges de Guillomont, docteur en théologie, capiscol, Louis-François de Cartier de Turc, Daniel Bernard, Esprit-Louis Dumas, Jérôme de Chièze, Marie-Ambroise Escoffier, Jean-Joseph Casal.

raient la confiance; sa démarche était grave, mais sans affectation; l'éducation brillante qu'il avait reçue rendait ses manières polies et agréables; et la bonté, qui faisait le fond de son caractère, répandait sur toute sa personne un charme qui lui gagnait les cœurs. Généreux, dévoué jusqu'au sacrifice de sa vie, ennemi de toute ostentation, modeste dans ses vêtements, sobre dans ses repas, il avait l'amour de cet ordre parfait qui ne néglige rien, et qui apporte le même soin aux grandes et aux petites choses. Toutefois, son imagination vive et ardente le rendait très impressionnable; il n'aimait pas la contradiction, ce qui l'exposait parfois à des vivacités regrettables, mais dont il se repentait bien vite, et qu'il s'efforçait de faire oublier par une extrême bonté.

Ces qualités s'alliaient en lui à une instruction solide et variée. Il possédait parfaitement l'Ecriture-Sainte, le droit canon et l'histoire ecclésiastique. On parle d'un ouvrage volumineux, monument de sa piété et de sa science, dont nos malheurs civils nous ont privés, parce qu'il fut livré aux flammes, avant d'être achevé, par des hommes ignorants, au commencement de la Révolution. M. du Tillet ne négligeait pas les arts d'agrément : il trouvait dans le dessin et la peinture, dans le travail au tour et dans la culture de son jardin, un délassement aux pénibles travaux du ministère pastoral.

Tel était l'homme apostolique qui allait, pendant seize ans, faire le bonheur de son peuple.

Ses Grands-Vicaires. — Son premier soin, en arrivant à Orange, fut le choix de ses vicaires généraux. Quelque actif et zélé qu'il soit, un évêque ne peut se rendre compte par lui-même de toutes les parties de l'administration ; une foule de détails lui échappent nécessairement, s'il n'a autour de lui des hommes intelligents qui l'aident à porter la charge pastorale.

Le chapitre de l'église cathédrale d'Orange était alors composé d'hommes pieux, zélés et savants. Ce fut dans son sein que Monseigneur voulut choisir les dépositaires de sa confiance. Il commença par étudier le mérite et les aptitudes de chacun d'eux. Et les troubles civils qui éclatèrent dans la suite, ont prouvé combien il possédait la science des hommes ; car aucun de ceux qu'il attacha à son administration, ne faiblit à son devoir au jour de l'épreuve.

Son premier choix devait naturellement tomber sur M. Jean-Pierre Boyer, qui depuis dix ans, possédait la confiance de M. de Tilly, et avait rendu de grands services au diocèse. Mais l'année suivante, ses infirmités l'obligèrent à résigner ses fonctions et à se retirer à Rochegude, son pays natal. C'est là que la Révolution vint saisir ce vénérable vieillard, et l'envoya à l'échafaud dressé sur la place Saint-Martin à Orange, le 3 août 1794, à l'âge de 68 ans.

La confiance de M. du Tillet se porta alors successivement sur M. de Georges de Guillomont, capiscol de sa cathédrale, sur M. Jérôme de Chièze, qui périt aussi le 23 juin 1794 sur l'échafaud révolutionnaire, et sur M. Louis de Poulle, prévôt du chapitre, neveu du célèbre prédicateur, lequel fut plus tard nommé par Pie VI administrateur du diocèse.

Sa Maison. — Après avoir associé à la charge pastorale ces hommes tous également distingués par leurs lumières et leurs vertus, l'Evêque voulut, selon la recommandation de saint Paul, que sa maison fût réglée avec un ordre aussi admirable qu'édifiant, et qu'elle fût, comme il le répétait souvent, le modèle de toutes les maisons de la ville.

La prière, le travail, les repas avaient lieu à des heures invariablement déterminées. Le matin à sept heures et le soir à neuf heures il faisait lui-même la prière, à laquelle devaient assister tous les gens de la maison. A neuf heures du matin il célébrait la messe dans sa chapelle, et chacun devait s'y rendre ; un capucin était prié de le remplacer quand il ne pouvait la dire lui-même.

Il imposait à celui qui était à la tête de sa maison le devoir de veiller sur la conduite des autres serviteurs, avec obligation de révéler les moindres fautes à son maître. Autant celui-ci mettait de fermeté à corriger les abus de ceux qui s'écartaient de leurs devoirs, autant il montrait de bonté paternelle à ceux dont la conduite était irréprochable. Mais c'était surtout quand la maladie frappait l'un d'entre eux que sa bienveillance apparaissait sous les formes les plus touchantes. Non-seulement il faisait donner des soins au malade dans son palais, mais il venait lui-même l'encourager à la patience et lui prodiguer ses attentions. Il se levait la nuit pour s'assurer que les prescriptions du médecin étaient parfaitement suivies. Et quand, touché de tant de bontés, le malade lui exprimait sa reconnaissance, il répondait avec douceur : « Mon ami, nous sommes » tous égaux devant Dieu; nous devons tous nous » traiter avec bonté, et nous prêter mutuellement » secours et assistance. »

Tous les ans, le 30 décembre, il se faisait rendre compte des recettes et des dépenses de l'année, avec attestation, signée du comptable, qu'il n'existait aucune dette ni à la ville, ni à la campagne. Le prélat voyait ainsi par lui-même quelles étaient les ressources disponibles pour les bonnes œuvres, et il les employait immédiatement en envoyant le 1er janvier, à chaque curé de son diocèse, des sommes toujours considérables qui devaient être distribuées aux indigents. Il appelait cela *les étrennes des pauvres.*

VII

SA GRANDE CHARITÉ.

Avant de parler de la charité de notre bon évêque, il n'est pas inutile de dire qu'elle fut toujours éclairée et prudente, et que dans ses largesses, il se gardait de favoriser la paresse et l'oisiveté : « C'est à la pauvreté vertueuse, disait-il, qu'il faut prèter secours et assistance ; c'est à la vieillesse infirme, à l'enfance sans ressources et à l'indigence qui n'ose faire connaître ses besoins. » Consulté un jour par la municipalité d'Orange, qui désirait avoir son avis sur la création d'une œuvre de bienfaisance, il répondit par la lettre suivante où il expose sa manière de faire la charité :

« Je m'unirai et de tout mon cœur et de tous mes
» moyens pour coopérer à la bonne œuvre que vous
» faites, en cherchant à assurer les subsistances à
» Orange, et particulièrement à la classe des plus
» malheureux dont je dois m'occuper plus spéciale-
» ment. Il faudra éviter autant que possible la réu-
» nion trop nombreuse des pauvres, et pour cela il
» serait à désirer qu'il y eût dans chaque quartier
» de la ville des personnes qui connûssent bien les
» ressources de ceux qui mendient, afin de pouvoir
» distinguer ceux que la fainéantise et l'ivrognerie

» forcent à demander d'avec ceux qui ont des » besoins réels. » (1).

Les premiers sur lesquels s'épanchait la charité du bon Pasteur étaient les pauvres honteux. Suivant la recommandation de Madame du Tillet, sa mère, ils furent toujours l'objet de sa sollicitude spéciale. Il avait grand soin de s'informer auprès de M. Boussier, curé de la paroisse, et d'une pieuse demoiselle (2), des familles nécessiteuses qui n'osaient faire connaître leurs besoins. Le soir à nuit close, il sortait de son palais, accompagné d'une personne discrète, pour répandre lui-même, à pleines mains, d'abondantes aumônes. A son retour, il disait d'un air satisfait : « Je crois que je dormirai bien cette » nuit, Dieu m'a fait la grâce de faire des heureux. » Chaque jour était marqué par un bienfait nouveau : « Je regarde comme perdu, disait-il souvent, le jour » où, arrivant au pied de mon lit, je n'ai pas la » satisfaction d'avoir fait quelque bien. »

Les malades et les prisonniers étaient aussi l'objet de sa bonté paternelle. Le premier jour de chaque mois, il visitait les hôpitaux, soulageait, consolait tous ceux qui souffraient, et par de charitables discours, par de douces insinuations, il les amenait à puiser dans les sacrements la force de supporter chrétiennement leurs douleurs et leurs infirmités.

---

(1) Lettre du 28 octobre 1789, conservée aux archives de la mairie d'Orange.

(2) Françoise-Elisabeth Seisseau, qui fut pendant de longues années l'âme de toutes les bonnes œuvres dans Orange. Elle mourut le 26 décembre 1787, âgée de 80 ans, pleurée des pauvres et des petites orphelines à qui elle servait de mère.

De l'hôpital il se rendait aux prisons. Il apparaissait chaque fois dans ces lieux d'expiation comme un ange consolateur, apportant à tous des paroles d'espérance et de résignation. A sa voix, le repentir entrait dans les cœurs coupables, et on lui promettait toujours de devenir meilleur. Il demandait et obtenait pour ces malheureux tous les adoucissements compatibles avec la justice humaine, et il veillait particulièrement à leur procurer les objets nécessaires à leur santé, en déposant dans des mains fidèles de quoi leur fournir du linge blanc et une meilleure nourriture les jours de dimanche.

Il avait une prédilection marquée pour les pauvres gens de la campagne; les paysans, les gens rustiques, grossiers, étaient les bienvenus auprès de lui. Il arrivait à l'improviste dans leur chaumière, s'asseyant sur une mauvaise chaise, ou sur un banc quelquefois malpropre; et là, entouré de toute la famille, il s'entretenait familièrement de l'état de leurs récoltes, de leur santé, leur prodiguait ses conseils, exhortait les pères et mères à bien remplir leurs devoirs, instruisait les enfants en les caressant, et terminait toujours sa visite en laissant aux enfants de petites récompenses, et aux parents de quoi adoucir leur misère : « Ce sont là, disait-il, mes visites de bienséance. » Maintes fois, au retour de ces visites, il était obligé de changer de linge et de vêtements, par suite de la malpropreté des lieux qu'il avait visités; mais il était le premier à plaisanter avec ses familiers de ces petits accidents.

On aimait à le voir faire ainsi ses promenades,

seul, avec son bâton et son petit chien, dirigeant ses pas tantôt vers un point, tantôt vers un autre. Aussitôt qu'on l'apercevait, les enfants se groupaient autour de lui, assurés de recevoir quelques petits présents ; les mères lui présentaient leurs enfants pour qu'il les bénît. Ces promenades solitaires lui fournissaient l'occasion de faire beaucoup de bien dont Dieu seul a été témoin. Que d'aumônes ont été ainsi discrètement versées dans les mains des pauvres ! Que d'instructions paternelles et de conseils utiles donnés dans le secret !

La charité de M. du Tillet ne se renfermait pas dans la ville d'Orange : elle s'étendait sur le diocèse tout entier. Plein d'amour pour son troupeau, il regardait tous ses diocésains comme ses enfants. Conformément aux prescriptions du concile de Trente, il visitait tous les deux ans chaque paroisse, portant partout, avec les consolations de la religion, les trésors de sa générosité. Il visitait les hôpitaux pour connaître leur état et leurs ressources ; sa vigilance pastorale s'étendait à tous les services publics ; et avant de partir, il faisait dresser une liste des pauvres et des infirmes de la paroisse, qu'il emportait avec lui. Ne reconnaît-on pas ici la sollicitude affectueuse d'un père attentif à tous les besoins de ses enfants ? Aussi, combien n'aurait-on pas de traits touchants à raconter, si sa modestie n'avait pris soin de les tenir cachés ! Nous pouvons toutefois placer ici deux anecdotes qui nous révèlent, dans leur simplicité naïve, la bonté de cœur de M. du Tillet, et sa tendre compassion pour les malheureux.

Nous les tenons de M. Germain Gautier, que nous laisserons parler lui-même (1).

L'enfant au berceau. — Un jour que M. du Tillet passait seul et pédestrement, suivant sa coutume, dans la rue Saint-Martin d'Orange, il entend des cris déchirants qui sortaient de la maison d'un simple artisan. Vite, il entre pour savoir qui souffre là; car jamais un cri de douleur n'arriva à son oreille que son cœur n'en fût touché. Cette fois, le cas n'était pas grave; il ne trouve qu'un jeune enfant se lamentant dans son berceau, parce qu'en s'éveillant il n'avait pas trouvé sa mère près de lui. Que va faire le bon pasteur? Digne émule de saint Vincent de Paul, il prend l'enfant dans ses bras, puis s'assied sur une chaise pour l'apaiser en le dorlotant sur ses genoux. Mais le poupon n'a pas reconnu celle que ses cris appelaient, et au lieu de se taire, il redouble ses cris de plus belle. Cependant la mère, tenant par la main un autre enfant, rentre bientôt sans être entendue de Monseigneur, que les cris assourdissaient et qui tournait le dos à la porte. L'enfant qui, par dessus l'épaule de l'évêque, aperçoit sa nourrice, s'élance dans sa direction. La pauvre femme reste d'abord muette et immobile de saisissement; puis, se croyant bien coupable, elle balbutie des excuses

(1) Ces deux articles ont paru dans la *Feuille de Provins*, numéros des 9 et 30 août 1879. Les anecdotes chrétiennes avaient déjà cité en substance le premier récit; nous avons dû le reproduire dans tous ses détails. Nous ferons observer que dans le dialogue qui s'établit entre l'Évêque et la femme Gautier, cette dernière se servait de la langue provençale que M. du Tillet comprenait suffisamment, sans toutefois pouvoir la parler.

en se jetant aux pieds du vénérable prélat que, dans son trouble, elle oublie de débarrasser de son fardeau : « Ainsi donc, dit le prélat d'une voix affable et avec un doux sourire, vous me laissez ce gros garçon-là ? »

Rassurée par tant de bonté, et rappelée à elle-même par ces paroles, ma grand'mère (car c'est à elle qu'arrive l'aventure) se relève vivement, ressaisit son enfant et répond en son patois : « Celui-ci, Monseigneur, est le plus jeune de la maison, il a besoin de moi et je le garderai ; en voici un autre plus grand, que nous désirerions voir prêtre. S'il est agréé de Votre Grandeur et si lui-même le veut, quand il sera en âge, assurément il aura le consentement de son père et le mien. » — « Entends-tu, mon ami, ce que dit ta mère ? » — « Oui, Monseigneur, et tout cela me plaît, » répond résolument l'enfant, alors âgé de dix ans. — « Tu es bien jeune pour prendre une telle résolution ; nous verrons comment Dieu en disposera dans sa Providence. En attendant, je me charge de te faire instruire. »

C'est ainsi que Jean-Louis Gautier, mon père, fut dès lors agréé par M. du Tillet, qui l'envoya étudier dans le couvent des Capucins ; et, quand la Révolution le força à quitter Orange, il ne voulut que lui pour l'accompagner dans son domaine de Blunay.

Le Gâteau de Gro-Bla. — Pour comprendre cette anecdote, il faut savoir qu'autrefois, dans le diocèse d'Orange, les pauvres ménages usaient, pour leur nourriture, d'une pâte faite avec de la farine de maïs, pâte cuite au four, mais restant compacte, le maïs n'admettant pas la fermentation panaire. Dans les pays du Midi qui en font encore usage, par exemple dans les Pyrénées et dans les Landes, on nomme cela de la miture. A Orange, on disait simplement de la mïas (prononcez mïace), anagramme avec changement de genre du mot maïs.

Donc, au temps où je parle, vers 1780, M. du Tillet, en visitant ses amis les pauvres, voyait souvent de la mïas sur leur table sans oser les questionner sur cet aliment qu'il ne connaissait pas. Mais un jour, il eut l'entretien suivant avec Gautier qui, depuis notre première anecdote, était devenu un enfant de chœur de la cathédrale.

— Louis, tu connais cette espèce de pain bien grossier dont je vois les pauvres gens faire leur nourriture ?

— Oui, Monseigneur, c'est de la mïas.

— Tu sais avec quoi c'est fabriqué ?

— C'est avec de la farine de gro-bla.

— Qu'est-ce que du gro-bla ?

— C'est ce que Monseigneur nomme du blé de Turquie.

— Alors, c'est du maïs ; pourquoi dis-tu mïas ?

— C'est comme cela que nous prononçons ce mot.

— Allons, soit, disons mïas. Ta mère pourrait-elle m'en procurer !

— Je lui signifierai de la part de Monseigneur.

— Ne signifie jamais rien à ta bonne mère ; prie-la tout simplement de ma part.

Voilà donc ma grand'mère mise en demeure par

son fils d'avoir à fournir de la mïas à monseigneur l'Evêque.

La brave femme ne cherchant pas à sonder l'intention du Prélat, se mit en frais pour composer, avec de la meilleure farine de maïs et divers ingrédients connus d'elle, une pâte qu'elle mit au four, d'où sortit un mets assez agréable au goût. Ce fut Louis qui le porta à l'évêché, vers l'heure du repas. L'ayant goûté, Monseigneur dit aussitôt : Mais c'est bon, ceci ; en mange-t-on chez vous, Louis ?

— Non, Monseigneur, ma mère dit que ce serait trop cher.

— Comment, trop cher ? mais les plus pauvres en usent.

— Pas comme cela, Monseigneur.

— Comment donc ?

— Les pauvres font de la mïas ; mais ceci c'est du gâteau de gro-bla.

— Tu n'as donc pas dit à ta mère que je voulais manger de la mïas ?

— Pardon, Monseigneur, mais ma mère aurait cru vous manquer de respect en envoyant à un évêque de la pure mïas.

— Enfin, y en a-t-il chez vous ?

— Non, Monseigneur, nos ouvriers n'en voudraient pas, ni moi non plus.

— Peux-tu m'en trouver quelque part ?

— Oui, Monseigneur, je prendrai un morceau de pain que j'irai changer contre un morceau de mïas, et la maison où je ferai l'échange sera bien contente.

— Eh bien! fais cela demain, mais ne dis pas que c'est pour moi,

Le lendemain, Monseigneur s'attablait devant un morceau de vraie mïas. Quand il eut pu faire la différence du gâteau de la veille avec le pain du jour, il ne put retenir de longs soupirs de compassion pour les pauvres gens que la misère forçait à se nourrir de la sorte. Mais il ne voulut pas que l'expérience qu'il venait de faire restât infructueuse pour ses chers clients. Il demanda sa recette à ma grand'mère, fit faire des gâteaux semblables en nombre suffisant pour les bouches inscrites sur sa liste, et ordonna que les portions fussent distribuées à domicile. Il alla lui-même ensuite dans chaque maison donner la recette en ajoutant : je désire que dimanche vous mangiez ce gâteau, afin qu'à mon premier passage vous puissiez me dire si vous l'avez trouvé bon.

Dès le lundi, le prélat faisait sa tournée hebdomadaire, et chaque mère de famille, en le voyant, lui disait (comme si elles se fussent toutes donné le mot) : Ah! Monseigneur, quel bon pâtissier vous êtes !

— Ma recette est donc bien bonne ? Eh bien! (s'adressant aux enfants) quand les enfants auront été sages pendant la semaine, entendez-vous, mes petits amis? je donnerai ce qu'il faut pour qu'on ait, le dimanche, le gâteau de gro-bla. Nous serons au-dessous du vœu du bon Henri IV, qui voulait, lui, qu'on mît la poule au pot ce jour-là ; mais je ne suis pas en mesure d'être aussi généreux qu'un roi de France.

C'est avec cette humble simplicité, qu'à chaque occasion, M. du Tillet augmentait ses largesses envers les pauvres.

VIII

SON DÉVOUEMENT DANS LES CALAMITÉS PUBLIQUES.

Comment dire le dévouement de M. du Tillet dans les calamités publiques? Non-seulement il ouvrait alors largement sa bourse pour soulager les malheureux, mais il payait de sa personne. On l'a vu, quand éclataient des incendies, se rendre avec empressement sur les lieux du sinistre. Au premier coup du tocsin, il quittait tout, son bureau s'il était au travail, son lit si c'était pendant la nuit. Rien ne l'arrêtait, ni les rigueurs de l'hiver, ni les chaleurs de l'été, pas même la sainteté des cérémonies. Père, il souffrait en pensant aux dangers qui menaçaient ses enfants, et sa première pensée était de voler à leur secours. Il se confondait avec la foule, portait de l'eau où le besoin était le plus pressant, s'exposait à tous les dangers qu'offrait la voracité des flammes, comme un simple particulier. C'est ainsi qu'on admira son activité qui préserva d'une destruction totale les maisons de M. de Saint-Privat et de M. Viau, et le château de M. de la Roquette, situé près de l'arc de triomphe (1).

Citons plus particulièrement sa conduite admirable dans l'incendie qui éclata le 26 juillet 1784, et qui

(1) Ce château appelé Saint-Marcel appartient aujourd'hui à M. Monier-Vinard. Les maisons appartenant autrefois à M. de Saint-Privat et à M. Viau se trouvent rue de Langes, nos 5 et 7.

prit, par son intensité, les proportions d'un malheur public (1). Le feu prit à une aire située au quartier du Pont-Neuf, où était entassée une grande quantité de gerbiers appartenant à divers propriétaires. C'était un dimanche, pendant les vêpres. Le prélat, selon son habitude, assistait à l'office. Aussitôt que l'effrayante nouvelle lui est parvenue, il ferme son livre, et, sans hésiter un instant : « Partons, dit-il à ceux qui l'entouraient, allons porter secours. » Le voilà traversant la ville à pas précipités, passant par le plus court chemin ; son exemple excite l'émulation, la foule le suit. Le feu avait déjà dévoré plusieurs gerbiers et se communiquait aux gerbiers voisins, qui offraient une proie facile. Retrousser sa soutane, s'emparer d'un seau, fut l'affaire d'un instant. Et chacun de suivre son exemple. Ce travail fut long et pénible, mais, avant la fin du jour, on avait sauvé une partie des gerbes, grâce à son dévouement et à son activité, qui s'étaient communiqués à tous les témoins de ce désastre. Que dire maintenant de l'enthousiasme qu'excita notre évêque vers la fin de cette journée? Il est encore là, sur l'aire jonchée de pailles fumantes, les vêtements tout mouillés et souillés de boue, le front couvert de sueur; autour de lui se pressent, criant, se désolant, les hommes, les femmes, les enfants qui viennent de perdre en quelques heures le fruit des labeurs de toute une année. Le cœur du

---

(1) C'est l'usage, dans le midi de la France, de transporter, après la moisson, toutes les gerbes de la récolte sur des emplacements appelés *aires*. Là on forme d'immenses gerbiers en attendant le foulage qui se fait, non pas en hiver et dans les granges, mais sur l'aire pendant les mois de juillet et d'août.

prélat est ému de compassion. D'un mot, mot sublime, il tarit toutes les larmes : il promet de réparer les pertes qu'il n'a pu empêcher. Et, le lendemain, tous les propriétaires atteints par l'incendie, catholiques et protestants, recevaient au delà de ce que les flammes avaient dévoré.

Quelques mois avant cet incendie, le 20 février 1784, M. du Tillet avait donné à ses chers Orangeois une preuve non moins éclatante de son affection et de son dévouement. Pour eux, il n'avait pas hésité à exposer sa vie à une mort presque certaine. Nous empruntons à un témoin oculaire, M. l'abbé Dugat, le récit de cette journée que tous les documents du temps se plaisent à appeler mémorable.

Depuis quelque temps le froid était excessif; jamais on n'avait vu une aussi grande quantité de neige : nous en avions jusqu'à un pied et demi dans nos rues, et à la campagne il y en avait, en certains endroits, six pieds de haut. Cette neige, qui s'accroissait chaque jour, a couvert la terre pendant plus d'un mois. Il gelait continuellement, et les loups, sortis du fond des bois, rôdaient jusqu'aux portes de la cité. La désolation des habitants de la ville était grande; mais le sort des habitants de la campagne était plus triste encore. Isolés et abandonnés dans leurs chaumières, dont la neige murait pour ainsi dire les portes, ils se voyaient exposés à mourir de froid et de misère.

M. du Tillet était alors à sa maison de campagne de Saint-André. A la nouvelle de tant de désastres, son cœur tendre et sensible en fut pénétré de douleur : « Ah! dit-il à ceux qui étaient auprès de lui, » mon pauvre peuple souffre; voilà plus d'un » mois qu'il n'a pu travailler; toute ressource doit » lui manquer; allons le soulager. »

« — Mais, Monseigneur, cela est impossible, lui » répondit-on; la neige, qui tombe constamment, » couvre tous les environs; on ne voit ni chemin, » ni sentier. Et quand vous ne péririez pas en tra- » versant l'Ouvèze débordée, vous pouvez rester » enfoncé dans la neige. Ah! Monseigneur, ne vous » exposez pas à un tel danger. »

Ces obstacles, bien propres à rebuter tout autre, ne firent qu'enflammer d'un nouveau zèle l'âme généreuse du prélat. Malgré les représentations les mieux fondées, il voulut partir, accompagné seulement de deux de ses gens (1).

Impossible de dire tout ce qu'il eut à souffrir dans ce trajet de près de quatre lieues. Au passage de l'Ouvèze, la rapidité du courant faillit l'entraîner. Son cheval, tantôt glissait sur la neige durcie, tantôt s'enfonçait dans de profondes ornières. Le vent glacial, la neige qui continuait à tomber en flocons épais, ajoutaient aux difficultés de la route, qui avait complétement disparu. L'éclatante blancheur de la neige lui causait des éblouissements qui l'empêchaient de guider son cheval; il fallait alors descendre et enfoncer dans la neige jusqu'au genou. Le prélat

(1) M. Dugat suppose que M. du Tillet fit ce voyage à cheval; mais Coulombeau dit positivement qu'il en fit la première partie en charrette, et qu'il ne monta à cheval qu'après le passage de l'Ouvèze, dont la rapidité avait failli entraîner la voiture et l'attelage.

arriva enfin, à l'entrée de la nuit, dans sa ville épiscopale, après cinq heures d'angoisses et de souffrances inouïes. Le bonheur de se trouver au milieu de son peuple lui fit oublier ses souffrances. A peine rendu chez lui et ne voulant point perdre de temps, il manda aussitôt M. Boussier (1), curé de la paroisse, pour se concerter avec lui sur les moyens de secourir au plus tôt les malheureux. Tous les boulangers de la ville travaillèrent pendant la nuit, et, dès le lendemain, il put faire distribuer du pain en abondance à ceux qui en manquaient. Par ses ordres également, des couvertures de laine furent données à tous ceux qui en avaient besoin, pour se garantir du froid. Une telle conduite ne révèle-t-elle pas les trésors de tendresse et d'amour renfermés dans le cœur de ce charitable prélat ?

---

(1) Joseph-François Boussier, né à Saint-Saturnin-lès-Avignon, vicaire de Notre-Dame-de-Nazareth en 1772, curé de la même paroisse en 1775, refusa constamment de prêter le serment à la constitution civile du clergé. M. de Pocelle, nommé par le Pape Pie VI, administrateur du diocèse, après la mort de M. du Tillet, ne pouvant remplir par lui-même ses fonctions, établit pour son délégué général M. Boussier, qui adressa, le 2 juillet 1796, aux prêtres du diocèse, des instructions pleines de sagesse. Ce digne prêtre mourut victime de son zèle, le 4 février 1801, âgé seulement de 57 ans.

IX

SA PIÉTÉ ET SON HUMILITÉ.

La source de ces généreux sentiments était sans doute dans les inclinations d'un cœur naturellement bon et sensible, mais c'était dans les exercices de la piété qu'elle trouvait son principal aliment. M. du Tillet consacrait chaque jour à la prière et à la méditation un temps considérable. Tous les dimanches, il disait la messe dans la chapelle des pénitents, voisine du palais épiscopal, et il y expliquait régulièrement l'Evangile du jour avec une onction qui pénétrait tous ses auditeurs. Comme le plus humble de ses prêtres, il se livrait aussi à l'administration des sacrements; et s'il ne consacra pas de longues heures à l'audition des confessions, comme il l'aurait voulu, c'est que l'idiôme provençal, alors généralement usité dans nos contrées, fut toujours pour lui un obstacle insurmontable. Mais une cérémonie dans laquelle il montrait toute l'ardeur de sa foi, était la communion pascale des infirmes. Chaque année, aux environs de la fête de Pâques, il portait lui-même la sainte communion aux malades et aux infirmes de la vilie, pour les consoler de n'avoir pu se rendre au banquet sacré de la paroisse. Il le faisait avec tant d'édification, que les plus endurcis se sentaient pénétrés de respect et d'amour pour la divine Eucharistie. Comment dire les touchantes exhortations qui sortaient alors de son cœur de père et d'évêque! La piété dont il était pénétré passait dans l'âme de ses malades et des nombreux auditeurs qui l'accompagnaient dans cette circonstance.

Après avoir édifié son diocèse, il se rendait chaque année à Avignon, au grand séminaire de Saint-Charles, dirigé par les prêtres de Saint-Sulpice, pour y faire sa retraite. Là se rendaient également les curés de son diocèse et des diocèses voisins. Il les édifiait tous par son exactitude et sa fidélité à la règle. Confondu au milieu des autres, il ne se distinguait que par son humilité et sa modestie, qui inspiraient à tous le respect et la vénération de sa personne. Il ne voulait aucune distinction, aucun de ces adoucissements dus au rang élevé qu'il occupait. M. Isnard, économe du grand séminaire, ayant voulu, la première année qu'il se rendit aux exercices de la retraite, faire servir un plat particulier à la place qu'il avait choisie au milieu de ses prêtres, le prélat l'échangea avec celui de son voisin. Ce prêtre s'obstinant à le refuser, Monseigneur usa de son autorité pour le lui faire accepter. On ne songea plus dès lors à des attentions qui devenaient inutiles.

Une anecdote assez piquante vient à l'appui de ce que l'on a dit de son respect pour la règle. Dans une de ces retraites, il s'aperçut que quelques prêtres causaient pendant la lecture du réfectoire. Après le repas, il pria le supérieur du séminaire de donner un avis à ces Messieurs. Le supérieur s'excusa disant que c'étaient les prêtres les plus vénérables du diocèse.

— Vous n'osez pas, M. le Supérieur? Si vous le permettez, je les avertirai moi-même.

— Bien volontiers.

Et voilà l'évêque se dirigeant vers ces Messieurs qui l'accueillent avec bonheur.

— Il paraît, leur dit M. du Tillet, que votre conversation, pendant le dîner, était bien intéressante, puisque vous n'écoutiez pas la lecture.

— C'est vrai, Monseigneur, dit l'un d'eux, ce que nous disions valait mieux que ce qu'on nous lisait.

— Oh! pourriez-vous dire de quoi vous parliez?

— Monseigneur, nous parlions du bel exemple que vous nous donnez par votre humilité, votre modestie et votre fidélité à la règle.

— Allons, assez, dit Monseigneur en frappant sur l'épaule de son interlocuteur, et ne parlez plus à l'avenir pendant la lecture.

Ainsi qu'on l'a déjà dit, M. du Tillet était naturellement vif; mais bientôt il condamnait lui-même ses vivacités, qui, disait-il, égarent la raison et empêchent de juger sainement les choses. Un curé de son diocèse ayant donné par sa conduite des sujets de plainte, Monseigneur le manda auprès de lui, et lui fit d'abord des observations avec sa douceur ordinaire. Le prêtre accusé se défendit avec chaleur, nia le fait incriminé, et traita d'imposture la délation dont il était l'objet. Indigné du mensonge joint à la culpabilité, le prélat lui ordonna avec vivacité de se retirer et de ne plus reparaître en sa présence. Cet ecclésiastique sortit en témoignant sa mauvaise humeur. Mais bientôt après, l'évêque ordonne à un de ses serviteurs d'aller engager ce prêtre à revenir auprès de lui. L'ecclésiastique obéit, et l'évêque le reçoit avec douceur, lui témoignant le regret de l'avoir offensé :

— Je vous ai prouvé tout à l'heure, lui dit-il, que je suis un homme comme vous, susceptible comme vous de me tromper. Vous me voyez tout confus de la vivacité dans laquelle je suis tombé. Je vous ai fait rappeler chez moi, afin de nous quitter sans rancune : allez terminer vos affaires en ville, et revenez à midi dîner avec moi.

Touché de cette bonté et plein d'admiration pour son évêque qui s'accuse le premier, cet ecclésiastique tombe à ses genoux :

— Monseigneur, lui dit-il, vous m'apprenez par votre exemple que la véritable grandeur est dans l'aveu de ses fautes. J'avoue tous mes torts qu'une fausse honte m'avait porté à vous cacher, et je vous demande sincèrement pardon.

Monseigneur le releva avec bonté, lui donna quelques conseils, et l'on se sépara après le dîner, très satisfaits l'un de l'autre. Le curé s'amenda et devint un sujet d'édification pour sa paroisse.

Citons un autre trait où n'éclate pas moins l'humilité de M. du Tillet. Cette fois, la scène se passe à Blunay, entre l'évêque et son fidèle Gautier. Voici en quels termes le fils de ce dernier nous l'a récemment racontée (1) :

C'était en septembre 1792, quelques mois après

---

(1) *Journal de Provins*, numéro du 26 septembre 1879.

que le bon évêque eut demandé et obtenu en mariage, pour son *factotum*, Catherine Mirveaux, fille d'un brave cultivateur de Maulny.

A l'occasion de quelque négligence de la part de mon père dans le service de la chapelle, il reçut une réprimande dans laquelle il fut tellement malmené, que le sang méridional de l'enfant d'Orange s'échauffa à son tour, et qu'oubliant pour cette fois, qui fut l'unique, le respect qu'il devait à son maître, il se permit de répliquer en ces termes : « Monseigneur, vous êtes vous-même en défaut, car en me demandant à mes parents pour vous suivre ici, vous leur avez promis de les remplacer envers moi : ils ne m'ont jamais traité de la sorte. » Puis il sortit brusquement en faisant claquer la porte, et, ayant dit quelques mots en passant à sa jeune femme, il disparut dans la direction de la forêt de Sourdun.

Dix minutes ne s'étaient pas écoulées que Monseigneur appela ma mère, et, la voyant tout en larmes, il lui en demanda le motif.

— Je pleure, parce que Louis vient de sortir plus ému que je ne l'ai encore jamais vu, me disant qu'il avait perdu les bonnes grâces de Monseigneur.

— Où est-il allé ?

— Il a pris le chemin de la forêt.

— Lequel ? le sentier ou le grand chemin ?

— Le sentier.

— Calmez-vous, mon enfant ; je vais arranger tout cela.

Aussitôt le bon évêque prit son bâton, et, précédé de son petit chien, il se mit à gravir le sentier, conduit par l'intelligent animal, qui avait le flair bon et connaissait parfaitement le fugitif. Celui-ci fut bientôt rejoint. En voyant le chien, mon père avait deviné que le maître n'était pas loin; et comme le calme, là aussi, avait succédé promptement à l'orage, il revenait sur ses pas pour implorer son pardon. Monseigneur ne lui en laissa pas le temps ; dès qu'il l'aperçut sortant du bois :

— Reviens, Louis, lui cria-t-il de loin, reviens consoler Catherine qui se désespère!

— Comment! Monseigneur, c'est vous qui faites une telle démarche! N'était-ce pas à moi d'aller me jeter aux pieds de Votre Grandeur?

— Ce n'est pas à mes pieds, c'est entre mes bras qu'il faut venir oublier, dans une étreinte commune, nos torts réciproques. Tu es vif et moi aussi, et nous avons, l'un et l'autre, suivi notre pente naturelle : ce n'est pas ainsi qu'on gagne le ciel, qui doit être notre seul but.

— Ah! Monseigneur, comment pourrai-je reconnaître.....

— Laisse-moi parler : tu as besoin de moi pour vivre, et j'ai besoin de toi pour mourir. Si les révolutionnaires me laissent expirer ici, qui me fermera les yeux, si ce n'est toi?

— Dieu veuille, Monseigneur, conserver vos jours pour que, l'orage passé, nous retournions dans mon pays, dans votre diocèse!

— Hâtons-nous, dit le bon évêque, de descendre à la maison pour consoler ta jeune femme. Afin d'y mieux réussir, je vais vous remettre le titre des mille écus que je vous ai assurés sur l'État; tu iras à Maulny avec Catherine montrer cette pièce à ses parents, car Mirveaux a droit à cette justification que je lui ai promise.

— Merci, mille fois merci, Monseigneur; mais vous m'avez promis aussi d'être le parrain de mon premier-né : pourrons-nous le dire?

— Oui, tu donneras mon nom à ton enfant, et je le baptiserai, comme je vous ai mariés, dans ma chapelle, puisque l'église de Melz est convertie en salpêtrière.

X

SON DÉSINTÉRESSEMENT.

En même temps que l'Evêque d'Orange édifiait sa ville épiscopale par ses vertus, et s'attachait, par ses libéralités envers les pauvres, le cœur de ses diocésains, il étonnait le clergé de France par son désintéressement et sa modération. Aussitôt après sa nomination à l'évèché d'Orange, sans attendre sa préconisation, il avait donné, le 15 juin 1774, sa démission de doyen de Saint-Quiriace de Provins.

M. de Tilly, son prédécesseur, étant décédé à Saint-André-des-Ramières, le 29 juillet 1775, cette mort rendait à M. du Tillet un revenu de douze mille livres que ce prélat s'était réservé comme pension de retraite. La cause qui avait déterminé l'Evêque d'Orange à conserver jusqu'alors son prieuré de Tornac n'existant plus, il s'en démit entre les mains du roi. L'Evêque d'Autun, chargé, comme nous l'avons dit plus haut, de la feuille des bénéfices, vint en faire part à M. de Beaumont, archevêque de Paris, chez lequel plusieurs évêques se trouvaient alors réunis. Tous ces prélats s'accordèrent à blâmer l'évêque d'Orange, et il fut décidé que l'archevêque de Paris lui ferait connaître le désaveu général des Evêques assemblés chez lui. M. de Beauvais, évêque de Senez, se chargea même de voir M. du Tillet, en passant à Orange, pour retourner dans son diocèse, et promit de faire tous ses efforts pour le détourner de ce projet. Tout fut inutile; il résista aux plus pressantes sollicitations de ses amis, avec la fermeté que donne l'accomplissement d'un devoir. Vainement, l'évêque de Senez lui représenta l'exemple d'autres prélats vertueux et l'usage établi en France. A bout de raisons : « Eh bien, Monseigneur, lui dit-il, si vous persistez à maintenir votre démission, vous allez priver les pauvres d'un revenu de quinze mille livres que vous employez tout entier à leur soulagement; il sera bien douloureux pour vous de le voir passer entre les mains de quelque abbé qui le dissipera en dépenses frivoles ; vous serez blâmé de tout le clergé de France, et surtout des pauvres de Tornac qui comptent sur vos largesses dans leurs misères. »

M. du Tillet, rigide observateur des lois canoniques, lui répondit : « Si ce malheur arrive, je ne serai sensible qu'au reproche mal fondé que me feront les pauvres. Je supporterai ce désagrément pour Dieu avec résignation. Mais, dussé-je être assuré que celui qui possèdera ce bénéfice ne fera pas son devoir, ce ne serait pas une raison pour moi de ne pas faire le mien. » Cette réponse sans réplique fit comprendre à l'évêque de Senez que tous ses efforts seraient infructueux, et il n'insista plus. Louis XVI, en apprenant la fermeté de l'évêque d'Orange, admira son désintéressement, et dit à l'évêque d'Autun, en présence de plusieurs courtisans : « Cet évêque, par son exemple, veut nous apprendre à faire notre devoir. »

Ce fut ce même esprit de désintéressement qui lui fit refuser l'évêché du Mans, devenu vacant en 1777, par la translation de Louis-André de Grimaldi au siège de Noyon. Le roi y avait nommé l'évêque d'Orange. Mais notre prélat, ennemi de toute ambition, heureux au milieu de son troupeau qu'il affectionnait autant qu'il en était chéri, se rendit à Paris pour remercier Sa Majesté du nouvel honneur qu'elle voulait lui faire. Il lui exposa combien il était satisfait du petit évêché d'Orange, et il la pria de vouloir bien ne pas l'obliger de quitter cette chère population.

« Vous auriez, dans ce nouveau siège, bien plus de ressources pour les pauvres, lui dit le roi connaissant sa grande charité. »

« J'en conviens, repartit notre bon pasteur, mais si les revenus du Mans sont plus considérables, la population l'est aussi davantage, et les pauvres y sont plus nombreux. » Le roi accepta ses motifs de refus, et l'Evêque vint rejoindre son troupeau, bien résolu de ne s'en séparer qu'à la mort.

D'après le témoignage d'une nièce de l'Evêque d'Orange encore existante (1), le roi, de plus en plus pénétré d'estime pour M. du Tillet, lui aurait offert l'archevêché de Paris, à la mort de M. de Beaumont, décédé le 12 décembre 1781. Mais notre modeste prélat répondit : « J'ai épousé l'église d'Orange : je

(1) Madame la comtesse d'Angoville, fille d'Antoine du Tillet, et de Delphine Alexandrine de Sigy.

ne puis pas la quitter. » Ses frères, moins détachés que lui des biens de ce monde, lui surent assez mauvais gré de cet honorable refus.

Quelques années plus tard, le cœur de M. du Tillet fut mis à une plus rude épreuve. A la mort tristement célèbre de M. Hay de Boutteville, évêque de Grenoble, en 1788, le clergé de France assemblé, reconnaissant que l'évêque d'Orange était seul capable, par l'éclat de ses vertus, généralement reconnues, de remplir dignement un poste aussi difficile, sollicita auprès du roi sa nomination à ce siège avec ordre formel d'accepter. Animé d'un esprit vraiment apostolique, M. du Tillet crut alors devoir faire à Dieu, pour l'honneur de son Eglise, le sacrifice de ses plus chères affections, et, cédant aux instances de ses collègues, ainsi qu'au désir du roi, il accepta le siège de Grenoble. Mais de grands obstacles étant survenus, il remit au roi sa démission, et revint avec bonheur à Orange (1), pendant

(1) Nous n'avons rien pu découvrir sur les motifs qui empêchèrent M. du Tillet de prendre possession du siège de Grenoble.

Coulombeau dit seulement que de grands obstacles survinrent qu'il ne convient pas de décrire.

Gautier, écrivant à un ecclésiastique qui connaissait les faits, se borne à mentionner l'acceptation forcée de M. du Tillet au siège de Grenoble, la nomination de son successeur à Orange, le dessein qu'il eut alors d'entrer chez les Chartreux, et la manière presque miraculeuse qui le rendit à son église bien aimée.

J. Bastet, auteur d'une notice sur les évêques d'Orange, publiée en 1837, dit que la crainte de désobéir à son souverain détermina M. du Tillet à accepter l'Evêché de Grenoble, mais que bientôt l'empire de ses principes l'emporta, et qu'il s'empressa de mettre au pied du trône les motifs de son généreux refus. Cette assertion est une pure supposition, formellement contredite par

que M. Dulau d'Alemans était nommé à l'évêché de Grenoble.

Le départ de M. du Tillet avait plongé la ville d'Orange dans la consternation et la tristesse la plus profonde. Aussitôt que son retour fut connu, la joie universelle succéda à la tristesse.

Les expressions me manquent, dit M. Coulombeau, témoin oculaire, pour dépeindre l'allégresse générale et l'enthousiasme qui s'emparèrent des habitants de cette ville. Les grands et les petits semblaient se disputer à l'envi qui lui prouverait le mieux ses sentiments de joie. Malgré son extrême modestie, qui exigea la suppression des honneurs qu'on se préparait à lui faire, ce digne prélat reçut en cette circonstance, de la part de ses ouailles, les témoignages les plus expressifs de l'affection qu'il avait su leur inspirer.

Bien que, par ses ordres, on eût tenu secret le jour de son arrivée, les rues qui conduisaient au palais épiscopal étaient tellement encombrées de monde, que sa voiture ne pouvait avancer. On aurait voulu dételer les chevaux et traîner à bras la voiture, mais le prélat s'y opposa formellement. Les cris mille fois répétés de : Vive Monseigneur ! lui prouvèrent l'amour de son peuple. Le soir, il y eut une illumination spontanée de toutes les maisons et de tous les monuments de la ville. M. du Tillet fut touché jusqu'aux larmes de ces témoignages d'atta-

---

le témoignage de deux biographes, contemporains et confidents de leur maître. L'incident reste donc un véritable mystère.

chement. Plusieurs fois, il laissa échapper de son cœur ces paroles émues : « C'est trop, mes enfants, c'est trop. » La poésie voulut célébrer son retour. M. l'abbé Dugat composa une ode à cette occasion, et mademoiselle de Saint-Privat chanta devant le prélat, sur l'air de la prose *O filii et filiæ*, un hymne d'allégresse qu'elle avait composé elle-même.

XI.

IL EST ÉLU DÉPUTÉ AUX ÉTATS GÉNÉRAUX.

Pendant qu'Orange fêtait dans la joie la plus vive le retour de son évêque, de graves et tristes événements se préparaient.

Depuis longtemps déjà, un certain esprit d'indépendance se manifestait dans les classes moyennes de la société. La Religion perdait de son influence, et, par une suite nécessaire, s'affaiblissait le respect de l'autorité. Au malaise des esprits se joignait une misère générale. Le Trésor de l'Etat présentait un déficit considérable ; les impôts pesaient lourdement sur le peuple ; la récolte de 1788 avait été presque entièrement détruite par la grêle dans plusieurs provinces ; survint le rigoureux hiver de 89 qui augmenta encore les souffrances. Ces circonstances malheureuses ne manquèrent pas d'être exploitées par la malveillance, et de toutes parts on entendit réclamer, comme le seul remède efficace, la tenue des États généraux.

Louis XVI, fatigué des résistances insurmontables qu'il rencontrait à la réalisation de ses projets pour le bien de son peuple, se décida alors à les convoquer pour le 5 mai 1789.

Les élections des députés commencèrent, dans les

provinces, au mois de février; celles d'Orange eurent lieu le 24 de ce mois.

Les vertus de M. du Tillet le désignaient au choix des électeurs; il fut élu député par le clergé de la principauté d'Orange, qui nomma en même temps pour son suppléant l'abbé de Poulle, vicaire général et prévôt du Chapitre.

Cette nomination, qui certainement aurait affligé son cœur s'il avait pu prévoir les derniers actes de cette assemblée, parut le flatter. Son désir de travailler à réparer les malheurs publics, son zèle à réformer les abus affligeants pour la Religion, à rétablir l'équilibre dans les finances de l'État, et comme conséquence, à soulager le peuple des impôts dont il était grevé, tels furent les motifs qui le portèrent à accepter avec joie le mandat qui lui était confié.

Mais intimement convaincu que les hommes ne peuvent rien sans le secours de Dieu, il jugea nécessaire d'implorer les lumières de l'Esprit saint sur les travaux de la future assemblée des Etats généraux, et il publia à cet effet, le 7 mars 1789, un mandement, monument de sa piété et de sa confiance en Dieu, de son esprit de conciliation, et de ce désintéressement parfait qui anima toute sa vie. S'adressant aux trois ordres de l'Etat, il leur disait de se pénétrer de cette grande maxime de Saint-Paul : « Portez les fardeaux les uns des autres. »

« Aux yeux de la Foi et de la droite raison, tout « nous rappelle à l'unité et à l'égalité dans l'univers. « Nous n'avons, dans le ciel, qu'un même Père,

« nous sortons tous de la même tige; le même soleil « nous éclaire; nous descendons tous également « dans le tombeau, et nous paraissons devant le « même Juge. »

S'adressant à l'Episcopat et au clergé, il leur rappelle que la véritable grandeur des ministres de Jésus-Christ « est dans l'humilité, et qu'il faut tra« vailler au bonheur de la France, en donnant « l'exemple de l'union et du désintéressement.

« Ayant de quoi nous nourrir et nous vêtir, nous « devons être contents, voilà les bornes de nos « droits, et tout ce qui est au-dessus est un fonds « destiné aux œuvres de la charité chrétienne. »

Il se rendit aux Etats généraux, pénétré de ces sentiments. Par un calcul approximatif qu'il avait fait des revenus des évêchés, abbayes, et des autres gros bénéfices ecclésiastiques, il était arrivé à la conviction qu'en sacrifiant pendant cinq ans les deux tiers de ces revenus, et en faisant supporter à la noblesse l'impôt foncier établi seulement sur les biens fonds, on arriverait à un chiffre suffisant pour combler le déficit du Trésor sans augmenter les charges du peuple déjà écrasantes. C'est dans cette prévision qu'avant de partir il donna ordre de vendre ses deux chevaux et sa voiture, et qu'il fit des réformes d'économie dans sa propre maison. « Mon « compte, disait-il, est déjà fait. Je jouis de trente « mille francs de revenus ; je suis très disposé à en « céder les deux tiers pour le bien de ma patrie. « C'est nous qui devons la soutenir. Avec ce qui me « reste, on peut vivre encore très honnêtement. »

Sa décision était prise; il espérait trouver dans les autres les mêmes dispositions généreuses, les mêmes principes de modération. Hélas! l'expérience lui apprit bientôt combien il se trompait.

A l'ouverture des Etats généraux, on procéda à la formation des bureaux. Les lumières et les mérites de notre digne évêque n'étaient ignorés de personne; on le choisit pour la présidence du vingt-troisième bureau, dont faisaient malheureusement partie le trop fameux duc d'Orléans que l'histoire a flétri du nom de *Philippe-Egalité*, et plusieurs prélats qui ne partageaient pas sa manière de voir. La première question qui fut posée fut celle de pourvoir au moyen de combler le déficit. Obligé d'émettre son vœu le premier en qualité de président, le bon et charitable évêque d'Orange, instruit de la misère du peuple, n'hésita pas un instant à dire : « Messieurs, nous ne « pouvons pas compter sur les ressources du peuple « à cet égard ; il est déjà trop accablé par les impôts; « sa misère est affreuse; selon ma manière de voir, « c'est le haut clergé et la noblesse qui, seuls, doivent « prendre à leur charge les dettes de la France, et « combler le déficit du Trésor. »

Il allait développer sa pensée et indiquer les moyens de couvrir les dettes de l'Etat, mais on ne lui en laissa pas le temps. Cette proposition, à la fois si sage et si désintéressée, qui aurait dû lui attirer l'admiration de gens animés d'un véritable amour pour les intérêts de l'Etat, ne fut accueillie, au contraire, que par des blâmes, et souleva de vives oppositions.

Son esprit de conciliation si bien connu le fit choisir, le 8 mai (3 jours après l'ouverture des Etats généraux), par l'ordre du clergé, pour aller, avec l'évêque de Montpellier, M. de Malide, annoncer au Tiers-Etat que le clergé était décidé à nommer des commissaires qui, réunis à ceux de la noblesse et des communes, examineraient si les pouvoirs des députés seraient vérifiés en commun, ou dans chaque ordre séparément.

Conciliant, mais ferme, il résista d'abord au courant qui, chaque jour, déterminait quelques membres du clergé à se réunir aux communes. Mais quand, le 24 juin, la majorité du clergé, ayant à sa tête MM. Le Franc de Pompignan, archevêque de Vienne, de Cicé, archevêque de Bordeaux, de Talaru, évêque de Coutances, de Lubersac, évêque de Chartres, et de Gast-le-Hill, évêque de Rodez, se fut réunie au Tiers-Etat, il crut de son devoir, lui qui avait conseillé l'union et la concorde, de suivre l'exemple de ces prélats. Le 26 juin, il se réunit à eux avec le nouvel évêque d'Autun, de Talleyrand-Périgord, devançant d'un jour seulement l'ordre du roi qui, le 27, obligea la noblesse et la minorité du clergé à ne plus former qu'une assemblée générale (1).

L'auteur de la *Notice historique sur les Evêques d'Orange* se montre trop sévère pour M. du Tillet, auquel il suppose un caractère faible et un esprit incertain. Sa conduite trouve une excuse dans son

(1) Voir au *Moniteur universel* les séances du 8 mai, et des 24, 26 et 27 juin 1789.

grand amour du bien et son désir ardent de voir la réforme des abus. Ajoutons que si ce vertueux prélat s'était laissé un peu trop séduire par les idées de son siècle, il repoussa toujours énergiquement les mesures désastreuses votées par l'Assemblée, et jamais il ne voulut prêter un serment que sa conscience réprouvait.

L'Assemblée nationale n'avait point encore manifesté les sentiments hostiles qu'elle proclama dans la suite. Mais quand M. du Tillet reconnut que l'intérêt et l'ambition étaient les seuls mobiles qui animaient la plupart des députés, il sollicita son remplacement. Un autre motif qui le détermina à se retirer, fut l'état de sa santé; il avait contracté, pendant son séjour à Paris, de violents maux de tête qui l'obligeaient parfois à sortir des séances. Dans l'impossibilité de remplir son mandat, il écrivit le 28 octobre 1789, à la municipalité d'Orange, la lettre suivante : « Il y a plus de deux mois que je suis incommodé de « maux de tête continuels et d'étourdissements. Les « maux de tête ont diminué avec les chaleurs, « mais les étourdissements deviennent plus forts et « plus fréquents, et j'en ai eu un hier à l'Assemblée « nationale qui m'a obligé de sortir, en me faisant « craindre de perdre connaissance. En conséquence, « il m'est impossible de continuer les augustes fonc- « tions dont la principauté d'Orange m'a honoré ; « mais comme je ne veux rien faire sans votre agré- « ment et votre conseil, j'attends les ordres que vous « voudrez bien me donner. Quand j'aurai reçu « votre réponse, je me disposerai à vous rejoindre,

« et ce sera pour moi un très sensible plaisir. »

Il revint à Orange dans les premiers jours de novembre, et reprit avec bonheur l'exercice de ses fonctions et le cours de ses bonnes œuvres. Hélas ! ce ne fut pas pour longtemps.

Les événements se précipitaient avec une effrayante rapidité ; l'Assemblée Constituante avait successivement décrété la spoliation de l'Eglise et la vente des biens du clergé ; elle avait supprimé les ordres religieux, aboli les vœux monastiques, et préparé déjà les articles schismatiques de la fameuse constitution civile du clergé, qui fut décrétée le 12 juillet 1790, et déclarée obligatoire à partir du 4 janvier 1791. M. du Tillet suivait avec anxiété la marche de ces tristes événements ; il adressait à Dieu de ferventes prières pour le bonheur de la France et la conservation de l'Eglise.

Dans son dictionnaire des ouvrages anonymes, Barbier attribue à M. du Tillet une brochure publiée à Paris en 1790, sous le titre de : *Sentiment d'un Evêque sur la réforme à introduire dans le temporel et la discipline du clergé.* L'auteur y attaque sans aucun ménagement le mauvais choix des Evêques, leur luxe et leur défaut de résidence, ce qui nous fait croire que l'ouvrage n'est pas de M. du Tillet, dont la charité nous est si connue, et qui aurait su mieux garder les convenances.

XII

IL QUITTE ORANGE ET SE RETIRE A BLUNAY.

Quand parut le décret du 15 janvier 1790 qui, en divisant le royaume en 83 départements, supprimait un grand nombre d'Evêchés, M. du Tillet tomba dans un grand abattement et une profonde tristesse. L'évêché d'Orange était supprimé. La pensée de quitter ses chers enfants le remuait jusqu'au fond de l'âme. Un instant il eut l'intention d'établir son siège à Caderousse, et de continuer à gouverner les villes de son diocèse qui appartenaient au Comtat-Venaissin, encore en la puissance du pape. Mais la fermentation des esprits qui se manifestait à Orange comme dans le reste de la France, la demande que lui fit l'administration de céder son palais épiscopal pour le convertir en caserne, le projet bien arrêté par le district de vendre les biens de la mense épiscopale, le déterminèrent à quitter pour toujours un pays dont il croyait avoir perdu la confiance.

Tristes furent les préparatifs du départ. Il se passa en cette occasion un fait que nous croyons devoir rendre public, et qui prouve la grande confiance de l'Evêque d'Orange envers la très-Sainte Vierge.

Nous avons dit l'ordre parfait que M. du Tillet avait mis dans sa maison. Il voulut, avant de quitter sa ville épiscopale, régler toutes ses affaires, et il écrivit à M. Coulombeau, son régisseur, habitant alors Saint-André-des-Ramières, de se rendre auprès de lui :

« J'étais en ce moment, dit M. Coulombeau, au-
« près d'une épouse mourante, et je répondis que je
« ne pouvais quitter ma chère malade à laquelle on
« venait d'administrer les derniers sacrements. Par
« retour de l'exprès, M. du Tillet me répondit que
« le lendemain, 8 septembre (fête de la Nativité de
« la sainte Vierge), il célébrerait la sainte messe à
« notre intention, qu'il demanderait au Seigneur,
« par l'intercession de sa bonne mère, de délivrer
« la malade de ses souffrances, soit par une sainte
« mort, soit par un prompt rétablissement, et que,
« comme il avait été toujours exaucé, il ne doutait
« pas que je ne fusse le surlendemain auprès de lui.
« En effet, la malade reprit tout à coup la parole
« et la connaissance qu'elle avait perdues ; et son ré-
« tablissement fut si rapide que j'ai pu me rendre
« auprès de ce bon Prélat le jour qu'il avait fixé.
« Cet événement sera toujours considéré dans notre
« famille, ajoute le narrateur, comme un miracle
« opéré par les ferventes prières du serviteur de
« Dieu. »

Quand tout fut disposé pour son départ, l'Evêque fit ses adieux aux personnes de sa maison. Cette séparation lui fut très sensible ; il embrassa ses amis et ses serviteurs sans pouvoir articuler aucune parole ; quelques larmes prouvèrent combien il en coûtait à son cœur paternel de se séparer de son Eglise et de ses ouailles. Avant de se mettre en route, il voulut à

4 heures du matin, célébrer une dernière fois la messe sur l'autel de sa chapelle où il avait si souvent imploré la miséricorde divine pour le bonheur de son troupeau. C'était le dimanche 12 septembre 1790. Il partit pour Blunay, petite terre de son patrimoine, située dans l'arrondissement de Provins (1), après avoir laissé l'administration de son diocèse au capiscol, M. de Guillomont, celui-là même qui avait pris en son nom possession du diocèse, 16 ans auparavant. Il n'emmena avec lui qu'un seul serviteur, Jean-Louis Gautier, dont nous avons déjà parlé, et qu'il avait fait instruire dans le couvent des Capucins. Ce jeune homme, âgé alors de 21 ans, se destinait à l'état ecclésiastique ; mais la suppression des ordres religieux ne lui permit pas de suivre sa vocation. Il s'attacha à son maître qu'il servit jusqu'à la fin avec un dévouement à toute épreuve. Dans une longue lettre, datée du 20 juillet 1809, adressée à un ecclésiastique d'Orange, il raconte les événements qui se sont passés depuis le départ d'Orange jusqu'à la mort de son généreux bienfaiteur.

---

(1) Blunay, dont l'évêque d'Orange portait le nom, est un hameau d'environ trois cents âmes situé à 10 kilomètres de Provins, et faisant partie de la commune de Melz-sur-Seine.

La propriété de M. du Tillet, connue dans le pays sous le nom de la *grande maison*, était une modeste habitation avec un enclos d'environ 2 hectares et une petite ferme adjacente.

Ce domaine était échu en partage à G.-L. du Tillet qui, par donation entrevifs du 11 juin 1774, en avait cédé la nue-propriété à son frère du Tillet, de la Malmaison, en s'en réservant l'usufruit. M. de la Malmaison étant mort le premier, Blunay passa, après la mort de l'évêque d'Orange, à son plus jeune frère le vicomte Antoine du Tillet, au décès duquel cette propriété fut vendue en 1817, par ses deux jeunes filles mariées depuis à MM. d'Angoville et de Bérue.

Désormais notre tâche devient facile. Nous suivrons pas à pas ce témoin oculaire, confident de toutes les pensées de son maître.

« Il ne nous arriva rien de bien remarquable dans ce triste voyage, écrit Gautier; Monseigneur était plongé dans le plus profond abattement. Quelques soupirs, quelques rares réflexions indiquaient la douleur qui oppressait son âme. Dans la journée du 15 septembre, l'essieu de notre voiture se rompit à une lieue au-delà de Dijon. Pendant que le postillon était allé chercher des ouvriers, il prit son bréviaire, se retira le long d'une prairie, et s'assit sur le bord d'un ruisseau pour réciter son office. « Gautier, me « dit-il, quand je l'abordai, je viens d'éprouver une grande consolation. » Et se mettant à genoux, les mains jointes sur la poitrine, il fit en ma présence cette invocation à la sainte Vierge : « Mère de mon Dieu, « vous qui avez bien voulu ne jamais m'abandonner, « veuillez me continuer votre protection. Soyez, ô « ma patronne, ma consolation dans mes peines, « mon refuge dans mes besoins, et mon avocate au- « près de votre adorable Fils. » Je l'examinais pendant qu'il faisait cette prière ; il paraissait heureux, et dès ce moment son visage reprit sa sérénité habituelle; la tristesse, qui l'avait assombri depuis son départ d'Orange, avait disparu complètement.

« Nous continuâmes notre route. Un orage qui s'éleva vers cinq heures du soir nous força de nous arrêter dans un village nommé Saint-Marc-sur-Seine, relais de poste, cinq lieues avant Châtillon. C'était le mercredi des quatre-temps de septembre. Pour prévenir les éblouissements que M. du Tillet éprouvait toutes les fois qu'il voyageait, les médecins lui avaient prescrit de ne prendre son repas que le soir. Je descendis donc près de la maîtresse de l'hôtel et lui demandai ce qu'elle nous donnerait à souper. Elle m'offrit plusieurs mets gras. Je lui représentai que le Monsieur qui était en haut (il m'avait défendu de le qualifier de Monseigneur), ne faisait pas gras à cause des quatre-temps. J'eus beau insister pour avoir du poisson, je ne pus obtenir de cette femme que la promesse de nous donner des pommes de terre cuites au vin, des haricots et des œufs, si nous en voulions. J'en informai Monseigneur. Pour toute réponse, il me dit en souriant : « Mon pauvre Gautier ! tu n'y entends rien ; tu vas voir, sans rien dire, je ferai mieux que toi. » Il s'était fait la barbe, et s'était accommodé les cheveux ; il se revêtit d'un habit court, passa sa croix pectorale, et descendit ainsi dans la cuisine. Aussitôt que la maîtresse de l'hôtel l'aperçut, elle faillit tomber à genoux. « Je vous demande pardon, Monseigneur, lui dit elle, j'ignorais le bonheur de posséder un tel personnage dans ma maison. » Elle donna aussitôt ses ordres à Marie, à Marguerite, d'aller ci, d'aller là, et de ne point revenir sans avoir du poisson. En moins d'une demi-heure, l'une arriva avec un beau brochet, l'autre avec une superbe anguille. Je les accommodai aussitôt, et nous soupâmes plus gaiement que nous n'avions fait encore. Le lendemain, 25 septembre, nous arrivâmes à Blunay sans encombre. »

La première occupation de Monseigneur, en arrivant à Blunay, fut de se faire bâtir une chapelle; mais en attendant, il disait chaque jour la messe sur un autel qu'il avait dressé dans une chambre. Ainsi, dès son arrivée, il put se livrer à la vie régulière qu'il menait à Orange. La matinée était consacrée à la prière, à la lecture de livres de piété, et à quelques travaux manuels en guise de récréation. Après le dîner, invariablement fixé à une heure, il prenait connaissance des journaux, de sa correspondance, et causait sur les affaires du temps avec son cher Gautier. Vers quatre heures, il allait au village visiter les vieillards, les infirmes, les malades, s'informant de leurs besoins et leur procurant toujours, par ses aumônes, les secours qui leur étaient nécessaires. Tous les pauvres de Blunay reçurent un habillement neuf lors de son arrivée.

Il résida à Blunay jusqu'au 28 novembre. Sur l'invitation de M. Dulau, archevêque d'Arles, son métropolitain, il se rendit alors à Paris, assista à plusieurs assemblées du clergé de France, tenues chez Son Eminence le cardinal de La Rochefoucauld, fit de fréquentes visites à l'archevêque d'Arles, ainsi qu'à M. de Boisgelin, archevêque d'Aix, et revint à Blunay le 31 janvier 1791.

Il trouva à son retour la chapelle finie; ce fut pour lui une grande consolation. Dès le dimanche suivant, il célébra la sainte Messe en public; et, comme à Orange, il se fit un bonheur d'expliquer à son auditoire l'évangile du jour. Le bruit de ses vertus attirait un grand nombre de fidèles non seulement de Blunay, mais encore des villages voisins.

Il conservait toujours l'espoir de retourner dans son diocèse, au moins dans la partie située dans les Etats du Pape. Mais le décret du 14 septembre 1791 qui unissait le Comtat-Venaissin à la France, dissipa toutes ses espérances, sans rien lui enlever de ses affections pour ce pays bien aimé, où il comptait tant de cœurs sincèrement dévoués. Plusieurs fois le jour, sa pensée se portait vers ses diocésains. Il avait fait enchâsser dans un cadre en fer et placer devant sa cheminée une de ces mosaïques romaines qu'on trouve si fréquemment à Orange en creusant le sol. Il aimait à se placer debout sur cette mosaïque, faisait agenouiller Gautier auprès de lui, et bénissait en lui son peuple d'Orange. D'autres fois il s'acheminait vers une colline voisine de Blunay, et de là, les yeux pleins de larmes, le regard plongé au loin du côté d'Orange, il lui envoyait ses bénédictions, terminant toujours par ces mots : *Pater sancte, serva eos quos dedisti mihi.* (Saint Jean, chap. XVII, v. 11). Pour adoucir ses ennuis, il avait peint la ville d'Orange, où l'on voyait les principaux édifices : la cathédrale, les clochers de l'église des Dominicains et des Cordeliers, le couvent des Capucins, le théâtre romain, l'arc de triomphe et le palais épiscopal. Son peuple fidèle y était représenté par un nombreux troupeau se pressant autour de son pasteur ; il s'était peint revêtu de ses habits épiscopaux, tenant la houlette à la main, donnant sa bénédiction, et ayant à côté de lui son Gautier sous la forme de la brebis chérie. Au bas du tableau était la prière favorite : *Pater sancte, serva eos quos dedisti mihi.*

Cette affection était entretenue par les lettres pleines de respect et de sincère attachement qui lui arrivaient d'Orange. Monsieur le Capiscol le tenait exactement au courant de tout ce qui pouvait l'intéresser ; son intime et infortuné ami, M. le marquis de Biliotti, lui adressait de nombreuses lettres. Que de larmes amères il versa en apprenant la défection de plusieurs de ses prêtres, qui eurent la faiblesse de prêter le serment exigé par les lois, et les souffrances endurées par ceux qui restèrent fidèles !...

Les affaires de sa famille l'obligèrent de faire un second voyage à Paris. Il partit de Blunay le 10 décembre 1791 ; et selon son habitude, Monseigneur descendit au Séminaire de Saint-Magloire, où il avait fait ses études. Si l'on en croit Gautier, c'est pendant ce second voyage que M. du Tillet aurait reçu une députation du corps électoral de Paris venant lui offrir le siège épiscopal de cette ville. Il se sentit humilié de cette proposition ; devenir évêque constitutionnel, évêque intrus, jamais ! Il refusa énergiquement, et prétexta son incapacité, ses infirmités, et le besoin qu'il avait du repos. Malgré la confiance que mérite l'auteur, il nous est impossible d'admettre complètement son récit. Le trop célèbre Gobel avait été installé évêque de Paris au mois de mars 1791. Si donc, comme on doit le croire, M. du Tillet reçut une députation du corps électoral, elle devait avoir un autre objet ; ou bien encore la mémoire de Gautier lui a fait défaut, et cet incident se rapporte au premier voyage de M. du Tillet, en décembre 1790.

M. du Tillet rentra à Blunay le 10 février 1792. Les nuages continuaient à s'amonceler à l'horizon politique. La journée du 10 août, la détention de la famille royale au temple, le jugement et la mort d'un roi qui l'avait comblé de faveurs et honoré de son estime, furent autant d'évènements qui attristèrent profondément son âme. Le 22 janvier 1793, nous allâmes, dit Gautier, au devant de la commissionnaire qui rapportait les provisions de Provins. Il ouvrit la feuille du jour, et quand il vit en tête : *Mort du dernier Tyran*, ce fut comme un coup de foudre pour lui ; les jambes lui manquèrent, il tomba sur ses genoux ; il récita un *De profundis* pour le repos de l'âme du roi, et le lundi suivant il célébra la sainte Messe à la même intention.

XIII

SON ARRESTATION ET SON EMPRISONNEMENT.

L'orage grossissant de plus en plus, M. du Tillet commença à avoir des inquiétudes sur sa propre sûreté ; la pensée lui vint de se réfugier en Suisse. Le décret sur les suspects augmenta ses alarmes. Son fidèle serviteur le pressait d'exécuter son projet et de chercher son salut à l'étranger. Il temporisa, il se flatta qu'on ne penserait pas à lui ; on n'avait aucun reproche à lui faire. Vain espoir ! Deux de ses neveux avaient émigré, il était vertueux, il avait fait du bien. La reconnaissance pèse aux cœurs ingrats. Il fut dénoncé par ceux qu'il avait comblés de bienfaits.

Le 9 octobre 1793, à 10 heures du matin, le commandant du bataillon de Provins, accompagné de six fusiliers, vint lui notifier son mandat d'arrêt. Après avoir mis sa maison au pillage, et s'être gorgés de vin, sans respect pour sa personne, sans égard pour ses infirmités, ils l'emmenèrent à Provins monté sur un âne, et le déposèrent dans la prison destinée aux malfaiteurs, (au couvent des Cordeliers.) (1) Il dut subir le long de la route les insultes et les traitements les plus ignobles de ces lâches conducteurs.

---

(1) Voir l'acte d'écrou aux pièces justificatives n. 3.

Le jour de son arrestation fut un jour de deuil pour les habitants de Blunay. Les femmes jetaient les hauts cris ; peu de temps après, soixante-trois pères de famille, ayant la municipalité à leur tête, vinrent à Provins réclamer son élargissement au citoyen Dubouchet, représentant du peuple, alors en mission dans le département de Seine-et-Marne (1). Comme greffier de la municipalité, Gautier fut chargé de rédiger la pétition. Il n'oublia rien pour sauver son maître. Il rappela ses actes de patriotisme, ses dons volontaires et ses abondantes aumônes. Malheureusement cette supplique fut présentée à Dubouchet dans un moment peu propice. Il sortait de table, un peu échauffé par le vin, et ne lut qu'imparfaitement la pétition. Le procureur de la commune, Siret, pharmacien, tout récemment nommé, s'étant avisé de lui dire que M. du Tillet était le père des pauvres, il s'indigna, congédia les pétitionnaires en les traitant de Jean f..., de meurt de faim, et déclara que du Tillet resterait en prison.

Quelques jours plus tard, il fut décidé qu'on irait faire la recherche de ses papiers. Un nommé Moreau, cordonnier (2), qui, de parfait honnête homme

---

(1) Dubouchet, médecin à Montbrison, député à la convention par le département de Rhône-et-Loire, vota la mort du Roi. Il fut envoyé dans Seine-et-Marne pour faire exécuter des mesures révolutionnaires, et fit un grand nombre d'arrestations à Provins. Exilé en 1816, il mourut en Allemagne vers 1820.

(2) Il était connu à Provins, sous le ridicule sobriquet de *Moreau-Tempérament*, parce qu'une de ses pratiques lui présentant un jour le pied pour qu'il en prît la mesure, il avait répondu : « C'est inutile, citoyenne, je connais le *tempérament* de ton pied. »

était devenu, sous l'influence des idées nouvelles, un vrai scélérat, fut député en qualité de président du comité révolutionnaire pour surveiller cette opération. Muni de ses pouvoirs, il fait monter sur une voiture découverte notre respectable prélat, s'assied à son côté, place deux gardes à droite et à gauche et lui fait traverser la ville dans ce pitoyable état. Arrivé devant sa boutique, rue de la Friperie, il fait arrêter la voiture en disant à son prisonnier : « Reste-là et ne bouge » pas ; j'entre chez moi pour aller dire un mot à ma » femme ; » et il laissa Monseigneur en spectacle pendant une demi heure, puis il se rassit à son côté et le traîna jusqu'à Blunay.

Pendant ce voyage, Moreau avait apporté un journal incendiaire où il était question d'une défaite des Vendéens.

— Entends-tu, disait le cordonnier à l'évêque, tous ces soldats qu'on a tués, c'étaient des évêques et des prêtres comme toi.

— Est-ce que, par hasard, ces prêtres et ces évêques se battent avec la crosse, la mitre ou l'étole ?

— Non, ils sont déguisés en soldats.

— Mais comment, sous l'habit militaire, peut-on savoir que ce sont des prêtres et des évêques ?

— Ah ! c'est bien difficile, morts ou vivants, on reconnaît toujours les aristocrates.

— A quels signes et comment ?

— Parbleu, à quels signes ? on les reconnaît à l'*aristocratie!!* (1) »

---

(1) Histoire manuscrite de Provins, par l'abbé Pasques.

C'est ainsi qu'on pervertissait le peuple par de grands mots qu'il ne comprenait même pas.

Avant de commencer les perquisitions des papiers, Moreau demanda du vin ; il s'en gorgea, ainsi que les deux gardes, et exigea insolemment que son prisonnier trinquât avec lui.

La perquisition ne fit rien découvrir de compromettant; mais Moreau s'empara d'une crosse et d'une mître, sous prétexte que c'étaient des objets de féodalité, et ramena l'évêque dans sa prison. Quelques jours plus tard, il fut transféré au couvent des Jacobins, qui servait également de maison d'arrêt (1). Il y retrouva son plus jeune frère, une belle-sœur qu'il chérissait à cause de sa grande vertu, beaucoup d'ecclésiastiques et presque tous les seigneurs de l'arrondissement; mais cette consolation fut de courte durée.

Le 1er novembre suivant, on le fit partir pour

---

(1) Les anciennes prisons de Provins qui faisaient partie du palais des comtes de Champagne, commençaient à tomber en ruines. Dans les trois premiers mois de 1792, on disposa une partie du Couvent des Cordeliers pour en faire une prison. C'est là que furent détenues les premières personnes arrêtées pendant la Révolution.

Ce local étant devenu trop petit, on fit du couvent des Jacobins une seconde maison d'arrêt où plusieurs prêtres et les membres des familles les plus honorables de l'arrondissement furent incarcérés. Enfin, on interna dans l'abbaye de Saint-Jacques, trente-cinq, d'autres disent quarante-cinq prêtres qui furent amenés de Melun, le 11 septembre 1793. Onze d'entre eux appartenaient au département de Seine-et-Marne, les autres au département d'Indre-et-Loire. Ils n'avaient point été déportés à cause de leur âge avancé Ils restèrent à Saint-Jacques jusqu'au 30 mai 1797, exposés aux plus dures privations, et réduits à ne faire qu'un seul repas par jour.

Melun. Les maisons d'arrêt de cette ville étant encombrées de prévenus, on l'enferma provisoirement dans la salle où l'on déposait les corps morts de l'Hôtel-Dieu. Pendant sept jours il n'eut d'autres compagnons que des cadavres et d'autre lit que la terre nue.

On l'arracha de ce séjour des morts pour le conduire à Fontainebleau. La demeure y était moins triste, c'est vrai : les détenus avaient le château pour prison ; on pouvait les visiter librement; mais il n'y avait qu'un pas de cette ville à Paris, et Fontainebleau était considéré comme la dernière étape qui conduisait à l'échafaud. Aussi M. du Tillet, se regardant comme une des victimes qui devaient bientôt être immolées, se prépara à mourir; mais aucune plainte, aucun murmure ne s'échappa de ses lèvres : « Dieu nous châtie, disait-il souvent; nous l'avons bien mérité. Que son saint nom soit béni ! » Plein de résignation à la volonté de Dieu, il s'efforça d'inspirer le même sentiment à ses compagnons d'infortune. Un nouveau théâtre s'offrait à son zèle. Chaque jour, le vide fait par la guillotine était comblé par de nouveaux détenus en proie au désespoir. M. du Tillet, par ses discours pleins de charité, cherchait à ramener le calme et l'espérance dans ces cœurs abattus. Bientôt chacun le regarda comme un ange consolateur que Dieu lui avait envoyé pour l'aider à bien mourir. Quand l'arrêt fatal était prononcé, on venait réclamer l'appui de ses prières, faire l'aveu de ses fautes, et recevoir ses derniers encouragements. Il attendait lui-même son tour, avec une résignation et une tranquillité parfaites ; mais la Providence en avait décidé autrement.

Le 15 décembre 1793, le cordonnier Moreau, l'ignorant président du comité révolutionnaire de Provins, arrivait à Fontainebleau avec la liste des détenus qu'il devait ramener avec lui. M. du Tillet était du nombre : ce qui n'empêcha pas le cupide cordonnier de lui extorquer cent francs, en le menaçant de le mettre au cachot s'il ne les donnait pas. Cette somme reçue : « Tu es un bon patriote, reprit Moreau ; j'aurai soin de toi. » Il le ramena le lendemain à Provins et obtint pour lui la permission de venir passer quelques jours à Blunay, où le pieux évêque eut la consolation de célébrer trois fois la sainte messe. Mais on lui intima l'ordre de rentrer à la maison d'arrêt, et il s'y rendit le soir du 22 décembre (1).

M. du Tillet resta détenu aux Jacobins jusqu'au mois d'octobre 1794. Au mois de mai, il eut la douleur de se voir arracher Mme du Tillet, sa belle-sœur, que l'on conduisit à Paris, où elle périt sur l'échafaud (2). Les journaux ne tardèrent pas à lui apprendre cette funeste nouvelle. Son cœur tendre et

---

(1) Voir le texte de cette permission donnée à M. du Tillet, aux pièces justificatives, n. 4.

(2) Mme veuve du Tillet avait deux fils : Alphonse et Antoine, qui émigrèrent en 1791, emmenant avec eux le mari de la femme de chambre de leur mère. Un domestique de la maison dénonça au comité de surveillance de Provins les deux femmes comme entretenant des correspondances avec les émigrés ; elles furent arrêtées le 3 octobre 1793, conduites d'abord à Provins, puis à Paris, où elles périrent toutes deux sur l'échafaud, le 20 mai 1794.

aimant en fut navré, et, dès ce jour, le chagrin, joint aux privations et aux rigueurs de la captivité, mina lentement sa santé, déjà fortement ébranlée par tant de souffrances.

La terreur était alors à son comble. La France était couverte d'échafauds en permanence. Celui d'Orange, dressé sur le cours Saint-Martin, fonctionnait avec une activité effrayante. En quarante-sept jours, la sanguinaire commission populaire envoya trois cent trente-deux victimes à la mort. De ce nombre étaient plusieurs amis de M. du Tillet ; nous citerons en particulier MM. Boyer et Jérôme de Chièze, ses vicaires généraux ; MM. de Bonfils, Jonc Desalos, de Gaufrédi, Castan de Saint-Privat, de Brousset, et M. de Biliotti, qui témoignait à son évêque une affection toute particulière. Le fidèle Gautier, ayant reçu d'Orange une lettre qui lui annonçait tous ces malheurs, crut devoir la transmettre à son vénérable maître. Mais les détenus étaient en ce moment au grand secret ; toute communication avec l'extérieur était interdite. Gautier usa d'un expédient qui lui réussit. Il se servit de cette lettre pour envelopper un morceau de fromage qu'il envoyait à son maître. Le lendemain, dans la note des objets qu'il demandait à Gautier, M. du Tillet ajouta ces mots : « Le fromage que tu m'as envoyé était bien mauvais ; cependant, je te remercie de ton attention. »

La chute de Robespierre, arrivée le 9 thermidor (27 juillet 1794), apporta quelques adoucissements au sort des détenus. On leur permit de revoir leurs parents et leurs amis. Laissons le fidèle serviteur nous raconter ses impressions en revoyant son maître après deux mois de séparation :

« Oh! quelle fut ma surprise à cette première en-
» trevue! Ce beau visage était flétri; cette couleur
» vermeille, ce teint frais avaient disparu; la ma-
» ladie avait déjà creusé des rides sur ce front véné-
» rable. Je ne pus dissimuler mon étonnement; il s'en
» aperçut; quelques larmes coulèrent de ses yeux. Il
» voulut me parler de sa belle sœur; il ne put pro-
» noncer que ces mots : « Dieu l'a voulu; que son
» saint nom soit béni! »

XIV

SON RETOUR A BLUNAY ET SA MORT.

Cependant M. du Tillet fut pris d'une fièvre tierce accompagnée d'une grande inflammation aux yeux. Il fit de vains efforts auprès de la municipalité de Provins pour obtenir de se faire soigner à Blunay. Le 5 octobre, se sentant à bout de forces, il chargea Gautier de demander pour lui une place à l'hôtel-Dieu. Les sœurs de la Charité de Nevers (1), qui desservaient cette maison, eussent bien désiré recevoir le vénérable malade; mais elles dépendaient de la municipalité. Gautier alla trouver le maire, Henri Finot, charpentier de M. du Tillet, et le procureur de la commune, Siret, frère du curé-prieur (2) de Sourdun; ils n'osèrent rien prendre sur eux, et invitèrent Gautier à se trouver le soir même à la séance de la municipalité, qui devait se tenir à huit heures. Mais l'as-

---

(1) Au mois de janvier 1791, les sœurs de la charité de Nevers furent appelées par l'administration à desservir l'hôtel-Dieu de Provins, en remplacement des religieuses de Saint-Augustin qui désiraient se retirer.

Les nouvelles sœurs restèrent à leur poste pendant les plus mauvais jours de la révolution à titre de citoyenne garde malades dans la maison de santé. Elles avaient pour supérieure la respectable sœur Marie Bourdichon qui passa 40 années à l'hôtel Dieu et mourut en 1831 à l'âge de 92 ans.

(2) L'abbé Siret, génovéfain, prieur de Sourdun en 1784, prédicateur distingué, vicaire de Saint-Méry, puis curé de Saint-Séverin à Paris en 1820, mort en 1834.

semblée, sourde à tous sentiments d'humanité, passa à l'ordre du jour, sur le motif que la maison de santé était une ancienne maison religieuse; que du Tillet était évêque, et qu'il pourrait souffler le fanatisme à ces pauvres filles.

Il y avait à Nogent-sur-Seine, à quatre lieues de Provins, un représentant du peuple, David Delisle, qui avait été juge de la seigneurie de Blunay (1). Gautier, dont les obstacles semblaient exciter le dévouement, partit à 10 heures du soir, au sortir de la séance de la municipalité. A deux heures du matin, il frappait à la porte du représentant du peuple. Il lui fit le tableau fidèle de la situation du respectable prélat.

On a tort, dit David Delisle, de ne pas l'envoyer chez lui avec deux gardes, puisqu'il est malade.

— Représentant, ajouta Gautier, le comité de surveillance (2) de Provins, est composé de ce qu'il

(1) David Delisle avait été élu à Troyes, au mois de mai 1792 comme suppléant de Perrin, député à la Convention. Le 26 septembre 1793, il fut nommé juge au tribunal révolutionnaire de Paris, et il siégea dans le procès de Perrin, qui, victime d'accusations calomnieuses, fut condamné à 12 ans de galères, le 19 octobre 1793. C'est à partir de ce jour que David Delisle prit place à la Convention.

(2) Le comité de surveillance de Provins établi le 23 juin 1793, était divisé en deux sections : celle du nord et celle du midi. Au 11 octobre suivant, elles furent réunies sous le nom de comité révolutionnaire, par ordre du conventionnel Dubouchet. Ce comité fut réorganisé le 17 février 1794, par le représentant Maure, qui deux jours auparavant avait réorganisé la commission municipale (Henri Finot, charpentier, maire, et Siret, pharmacien, agent national).

Le 20 novembre 1794, un arrêté du comité de sûreté générale établit un comité révolutionnaire de 12 membres, pour tout le district de Provins.

Maure, aîné, épicier d'Auxerre, avait voté la mort du roi; eny a de plus ignare dans la ville. Il s'agit de rendre le plus grand service au citoyen du Tillet. Ecrivez à ce comité, votre avis sera suivi.

— Il nous est défendu de nous immiscer en aucune manière au sort des détenus.

— Un tel service ne sera pas sans récompense, répondit Gautier : mon maître n'a plus d'héritiers; la nation fera main basse sur sa succession ; rendez-lui, en cette occasion, quelques services, et vous verrez.....

Gautier avait touché la corde sensible.

— J'ai deux enfants au collège de Provins, que je veux envoyer à Paris, dit le représentant en se frottant les mains ; ils me coûteront bien de l'argent. Allons ! il faut que je fasse quelque chose pour ce brave homme. Mais j'aime mieux aller à Provins que d'écrire. Faites que le comité soit assemblé à huit heures du matin ; je m'y rendrai.

Le fidèle serviteur ne perdit pas un instant. A huit heures, le comité était au grand complet, quand arriva David Delisle. Il fut décidé que du Tillet irait chez lui avec un piquet.

L'ordre, dit Gautier, me fut donné par écrit (1). Je courus aussitôt commander une voiture à la poste,

---

voyé en mission dans les départements de l'Yonne et de Seine-et-Marne, il mit en liberté le 15 février 1794 un assez grand nombre des personnes détenues dans les prisons de Provins, et laissa sous les verrous ceux qui lui semblèrent les plus compromis. De ce nombre étaient plusieurs ecclésiastiques respectables : l'évêque d'Orange, l'abbé Ythier, l'abbé de Flaix, MM. Bertrand et Lohier. De retour à Auxerre, où il se vit exposé au mépris public, Maure se brûla la cervelle le 4 juin 1795.

(1) Voir le texte de cet arrêté aux pièces justificatives, n. 5.

et je me transportai chez mon bon maître. Je ne l'avais pas vu depuis qu'il m'avait dit de lui avoir une place à l'hôtel-Dieu. Il ignorait les démarches que j'avais faites la veille ; aussi me dit-il à mon arrivée :

— Gautier, je croyais avoir encore un ami dans le monde ; me serais-je trompé ? Comment n'es-tu pas venu me dire le résultat de ce que je t'avais demandé hier ?

— Monseigneur, lui répondis-je, vous savez qu'on ne réussit pas toujours ; j'ai mieux aimé vous laisser dans l'ignorance que de vous apprendre des choses qui assurément vous auraient causé de la peine.

Je lui rendis compte alors de ce que j'avais fait et de ce que David Delisle avait obtenu du comité. Il se mit à genoux, rendit grâce à Dieu de sa délivrance, et nous partîmes aussitôt pour Blunay, avec le gardien qu'on lui avait donné.

Le lendemain, il célébra la messe dans sa chambre, consolation dont il était privé depuis le 22 décembre précédent.

Le 27 octobre, il reçut communication officielle de sa mise en liberté (1), signée le 23 par le comité de sûreté générale, sur la réclamation d'Alexandre-David Delisle, représentant du peuple. S'il faut en croire son biographe Coulombeau, le représentant du peuple Goupilleau, en mission dans le département de Vaucluse, n'aurait pas été étranger à cet acte de justice. Ayant appris à Orange la grande générosité

(1) Voir cet acte aux pièces justificatives, n. 6.

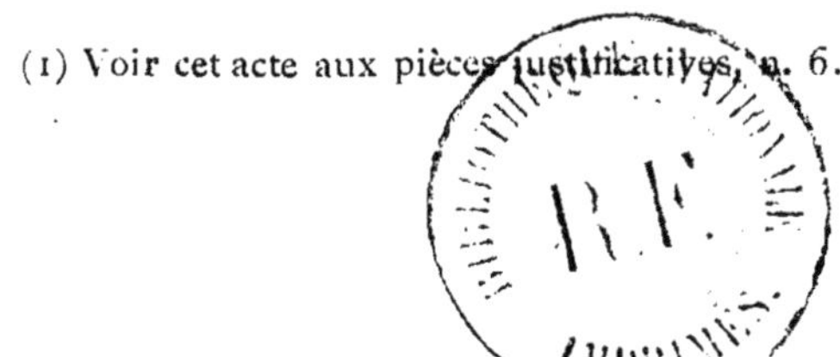

de l'évêque envers les pauvres, il aurait demandé à le voir en passant à Provins, et, témoin de ses infirmités, il l'aurait recommandé au comité de sûreté générale (1).

Le séjour des prisons et les mauvais traitements que M. du Tillet avait subis pendant plus d'un an avaient ruiné sa santé ; il ne retourna à Blunay que pour y mourir. Voyant ses forces l'abandonner de jour en jour, il songea plus que jamais à se disposer à paraître devant Dieu.

Le 27 novembre 1794, il fit son testament dans lequel les pauvres d'Orange eurent sa dernière pensée : il leur légua, en se recommandant à leurs prières, son argenterie, les rentes arriérées et les billets qui lui restaient dûs (2). Le 15 décembre, il reçut la visite de son dernier frère, le vicomte Antoine du

---

(1) Goupilleau de Montaigu, notaire dans cette ville, fut député aux Etats-généraux par la sénéchaussée du Poitou, et se montra fort hostile au clergé et à la noblesse. Député à la Convention, par le département de la Vendée, il vota la mort du roi sans appel et sans sursis. Envoyé en mission dans le département de Vaucluse, après la chute de Robespierre, il se trouvait à Orange, le 9 septembre 1794, et fit mettre en liberté les prisonniers que la commission populaire de cette ville n'avait pas eu le temps d'envoyer à l'échafaud. Cet acte de clémence permet de croire qu'il s'intéressa véritablement au sort du dernier évêque d'Orange. Mais il nous paraît difficile d'admettre que Goupilleau ait visité M. du Tillet dans la maison d'arrêt de Provins. Gautier n'en dit rien dans son récit, et certainement il n'eut pas manqué, de faire mention d'une circonstance aussi importante. Goupilleau fit partie du Conseil des Anciens, et mourut à Montaigu, en 1823.

Goupilleau de Fontenay, parent du précédent, autre conventionnel régicide, faisait partie du comité de sûreté générale, et a signé, en cette qualité, l'arrêt qui mettait M. du Tillet en liberté.

(2) Voir ce testament aux pièces justificatives, n. 7

Tillet qui était accompagné de M. Favier, médecin, natif de Vaison (1). Après l'avoir ausculté, le médecin déclara qu'il était atteint d'un squirrhe, maladie toujours mortelle pour les vieillards. La nuit suivante, il envoya Gautier à Provins, pour chercher un prêtre. Le chapelain de l'hôpital-général, M. Choiselat (2), confessa le malade, célébra la sainte messe dans sa chambre, et lui administra le saint viatique. Le pieux évêque voulait aussi recevoir le sacrement de l'extrême-onction. Comme les saintes huiles manquaient, il se fit apporter son pontifical; et revêtu de l'étole et de sa croix pectorale, il bénit lui-même l'huile des infirmes qui servit pour lui administrer le dernier sacrement. Il remercia avec effusion de cœur ce prêtre dévoué, et le pria d'accepter son calice en reconnaissance du service qu'il venait de lui rendre.

Après le départ de M. Choiselat qui le quitta avant le jour, M. du Tillet récita avec une ferveur angélique le *Nunc dimittis* et le *Te Deum* : « Gautier, « dit-il ensuite à son domestique, je viens de met- « tre ordre à ma conscience; il faut aussi que je « mette ordre à mes affaires temporelles. J'ai admi- « nistré les biens des pauvres, j'ai dû en vivre, « l'Eglise me le permettait ; mais je croirais prendre à

(1) Joseph Favier, médecin à Paris, avait acheté en 1791, les restes de l'ancien couvent de Champbenoit, près Provins. C'est lui qui a fait bâtir, en 1797, la maison de campagne, qui existe encore aujourd'hui, et où il est mort, le 5 novembre 1820, à l'âge de 73 ans.

(2) Nicolas-Louis-Marie Choiselat, né à Provins en 1759, curé de Léchelle, en 1809, puis de Gouaix, en 1820, mort retiré à Provins, en 1846.

« Dieu, si ma famille profitait de la moindre partie « de mes épargnes. » Et il lui ordonna de placer dans une cassette, qu'il scella de son cachet, ses deux croix pectorales et ses deux anneaux d'évêque, (1) ainsi que tout l'argent qui lui restait. Le même jour, il voulut qu'on distribuât à de pauvres églises ses étoles, et il déchira plusieurs billets qu'on lui avait souscrits pour argent prêté. Peu de jours auparavant, par un second testament daté du 8 décembre 1794, (2) il avait disposé de l'argent contenu dans cette cassette en faveur du dernier de ses frères, des personnes attachées à son service, des pauvres de Provins, de Chalautre-la-Petite et de Melz, et enfin des prêtres et des religieuses pauvres qu'il connaissait.

Pauvre lui-même des biens de la terre, le pieux évêque ne soupira plus qu'après les trésors du ciel, voyant arriver la mort sans crainte ni inquiétude. Dans la nuit du 21 au 22 décembre, ses forces l'abandonnèrent; vers huit heures du matin, il perdit l'usage de la parole. A midi et demi, il fit un dernier effort pour tendre la main à son fidèle serviteur, et il rendit à Dieu sa belle âme, à midi trois quarts, pendant qu'on lui suggérait ces paroles de son Sauveur en croix : *In manus tuas, Domine, commendo spiritum meum.*

Le lendemain, 23 décembre, ses dépouilles mor-

(1) Un de ces anneaux est conservé précieusement par l'abbé Eutrope Gautier; la pierre de l'autre a été remise à M. le curé de N. D. d'Orange.

(2) Voir ce testament aux pièces justificatives, n. 8.

telles furent portées, selon ses désirs, par six de ses ouvriers, et déposées dans le cimetière de Melz, sa paroisse, où elles ont reposé jusqu'ici sans honneurs. Ses funérailles, comme toutes celles de ces temps malheureux, se firent sans prières et sans prêtres.

Telle fut la fin de M. du Tillet, dont la vie et la mort firent l'édification des fidèles. L'épiscopat s'honorera toujours de l'avoir compté dans ses rangs; les villes de Châlons, de Provins et d'Orange en conserveront un souvenir impérissable.

Les pauvres de son diocèse, ceux d'Orange en particulier, le pleurèrent comme un père. Le souvenir de ses bienfaits resta gravé dans tous les cœurs. Aussi, quand M. le baron de Stassart, sous-préfet d'Orange, eut la pensée d'élever un monument à sa mémoire dans son ancienne cathédrale, tous applaudirent à cet acte de reconnaissance (1).

Le 22 décembre 1809, jour anniversaire de la mort de ce digne prélat, l'église de Notre-Dame se remplit d'une foule pieusement recueillie; les diverses autorités de la ville, les légionnaires, la garde d'honneur, et plusieurs curés des paroisses voisines, se firent un devoir de prouver leur amour à leur ancien pasteur. Un magnifique catafalque, élevé au milieu de l'église, rappelait aux nombreux assistants celui dont ils déploraient la perte depuis près de vingt ans. M. François Etienne, curé-doyen d'Orange, pro-

(1) M. Goswin de Stassart, né à Malines en 1780, administrateur très-distingué, ne fit que passer à Orange. L'année suivante, il était préfet de Vaucluse; et en 1811, préfet de La Haye. (Bouches de la Meuse). Il fut président du Sénat belge, de 1831 à 1838, et mourut à Bruxelles, le 10 octobre 1854.

nonça une oraison funèbre qui fut écoutée dans le plus profond recueillement (1).

Le monument, élevé aux frais de M. de Stassart et exécuté par Orsini, est adossé à la muraille, dans la chapelle Saint-Eutrope. Il se compose d'un socle de marbre noir, d'un piédestal en stuc blanc veiné, et d'une urne cinéraire également en stuc, couronnée par un palmier, figure de l'immortalité; un flambeau et une corne d'abondance sont renversés à côté de l'urne. Sur la face du piédestal, on voit les armoiries de la famille du Tillet et les insignes épiscopaux, la mître et la crosse, et, tout autour, des faisceaux de cyprès, symbole de la caducité des grandeurs de ce monde.

Plus bas, on lit l'inscription suivante, composée par M. de Stassart lui-même :

A LA MÉMOIRE
DE M. LOUIS-GUILLAUME DU TILLET,
DERNIER ÉVÊQUE D'ORANGE.
IL FUT, PENDANT 20 ANS, L'HONNEUR
DE L'ÉPISCOPAT, ET LE PÈRE DES PAUVRES
DE SON DIOCÈSE.
NÉ AU CHATEAU DE MONTRAMÉ EN 1730,
IL MOURUT A BLUNAY-LES-MELZ-SUR-SEINE
LE 22 DÉCEMBRE 1794.

---

(1) François Etienne, né à Avignon en 1763, religieux trinitaire, curé de Saint-Pierre d'Avignon; évêque constitutionnel de Vaucluse en 1798; curé de Notre-Dame d'Orange, en 1803; mort en 1836.

La hauteur totale de ce monument est de quatre mètres, savoir : pour le socle de marbre noir, vingt centimètres; pour le piédestal, deux mètres sur un mètre quarante-six centimètres de largeur, et un mètre quatre-vingts centimètres pour l'urne et le palmier.

SUPPRESSION DE L'ÉVÊCHÉ D'ORANGE.

L'ancien diocèse d'Orange avait été canoniquement supprimé par la bulle de Pie VII, *Qui Christi Domini*, en date du 29 novembre 1801, qui établissait une nouvelle circonscription pour les diocèses de France.

Au retour des Bourbons, les autorités et les notables d'Orange adressèrent, en 1815, une pétition à Louis XVIII, dans le but d'obtenir le rétablissement du siège épiscopal. Orange fut compris dans le nombre des évêchés rétablis par la bulle de Pie VII, *Commissa divinitùs*, en date du 27 juillet 1817, qui devait être publiée à la suite du concordat conclu le 11 juin précédent. Mais au mois de novembre de cette même année, le Corps législatif ayant refusé sa sanction à ce concordat, l'évêché d'Orange demeura supprimé, et compris dans la circonscription de l'archevêché d'Avignon.

M. d'Astros, qui avait été nommé en 1817 au siège d'Orange, fut transféré à Bayonne en 1820, et en 1830 à Toulouse, où il est mort en 1851.

PIÈCES JUSTIFICATIVES

N° 1.

Extrait du Registre des Actes de Baptême de la Paroisse de Chalautre-la-Petite, année 1730.

Ce jourd'hui, 21 de janvier 1730, a été baptisé Messire Guillaume-Louis du Tillet, fils de Messire Claude-Charles du Tillet, chevalier, seigneur de Bouy, Chalaûtre et Montramé, vicomte de la Malmaison, capitaine de cavalerie au Régiment de la Resne, et de Madame Marie-Marguerite de Cœuret. Le parrain a été Messire Claude-Charles-François, fils de Messire du Tillet, père de l'enfant, et la marraine a été Madame du Tillet, dame de Chalmaison, épouse de Messire Louis-François du Tillet, chevalier, seigneur de Chalmaison. Le parrain n'a pu signer à cause de son jeune âge.

Signé :

G.-M. du Tillet, F. Bardin, curé.

N° 2.

Liste des paroisses de l'ancien diocèse d'Orange.

Principauté d'Orange.

Notre-Dame d'Orange.
Courtheson (arrondissement d'Avignon).
Jonquières.
Causans (réunie à la commune de Jonquières)
Violès.
Gigondas.
Suzette.

Comtat Venaissin (partie du midi).

Caderousse.
Châteauneuf-du-Pape.
Bédarrides (arrondissement d'Avignon).
Sarrians (arrondissement de Carpentras).
Loriol (arrondissement de Carpentras).
Vacqueiras.
Beaumes.
Aubignan (arrondissement de Carpentras).

Comtat Venaissin (partie du nord).

Piolenc.
Mornas.
Derboux (réunie à la commune de Mondragon).
Uchaux.
Lagarde-Paréol.
Sérignan.
Sainte-Cécile.
Camaret.
Travaillans.
Rochegude (arrondissement de Montélimar, Drôme).
Mondragon, qui dépendait de la Provence.

Toutes ces paroisses font aujourd'hui partie du département de Vaucluse, à l'exception de Rochegude qui appartient au département de la Drôme.

N° 3.

Extrait du Registre des écrous de la maison d'arrêt de Provins.

L'année 1793, l'an 2e de la République française, une et indivisible.

Nous, commandant le second bataillon de Provins, avons écroué le citoyen Feuillet (1), Rousselet (2), Rigot, Rigot fils, les filles Rigot, la cuisinière citoyenne Bréde et le citoyen Dutillier, ci-devant ex-évêque d'Aurange, arêté en vertu d'un mandat darest donnez par le commité de surveillance de la section du midy de

(1) Feuillet, huissier, maire de Provins du 16 décembre 1792 au mois d'octobre 1793.

(2) Rousselet, avocat du roi en 1773, député pour le Tiers-État aux États-généraux, par le bailliage de Provins, mort en 1834, à 89 ans.

la ville de Provins, et les avons laizé à la charche et garde du consierge des prison de cette ville.

Fait à Provins, le 8. 1793.

Signé : BACHOT; PERRIER, concierge.

NOTA. — Le rédacteur de cet acte a négligé d'indiquer le mois; mais comme l'écrou qui précède et les trois suivants portent la date du 9 octobre, on doit en conclure que le chiffre 8 est une erreur, et que M. du Tillet a été arrêté le 9 octobre. C'est, d'ailleurs, ce que dit très positivement Gautier, témoin oculaire de l'arrestation de son maître.

Nº 4.

Permission accordée à M. du Tillet de se rendre à Blunay pour affaires, par le comité révolutionnaire de Provins (19 décembre 1793).

Dutillet ira à Blunet pour affaire.

Ce jourd'huy, vingt neuf frimaire, l'an second de la République française, sur les représentations du citoyen Dutillet exévêque détenu ès maison d'arrêt qu'il a essentiellement affaire à Blunay pour son imposition forcée, le comité a arrêté que le dit Dutillet serait conduit sans délay an sa maison du dit Blunay par le citoyen Colmet, membre du dit comité, et nommé commissaire à cet effet, et sous bonne et sure garde.

Signé :

FARIAT le j., DESJARDINS, LEGRAND, MORIN, MOREAU, PHILIPPE.

(*Archives de Seine-et-Marne.* Provins. L. 854, section du nord).

Nº 5.

Arrêté qui permet à du Tillet, de Blunay, malade d'aller se faire traiter chez lui à Blunay (6 octobre 1794).

Ce jourd'hui, quinze Vendémiaire, l'an III de la Republique Françoise, le comité d'après différentes demandes du nommé Dutillet, cidevant évecque, détenu portants engagement fait au dit comité que veu une fièvre avec deux redoublements dont est attaqué depuis quinze jours le dit pétitionnaire; le comité, d'après de mures délibérations et vu l'impossibilité de trouver une chambre dans cette cômune pour y faire traiter et transporter le dit détenu, le comité arrête que le dit Dutillet sera conduit chez lui à Blunay, distant de cette commune de deux lieues et y sera accompagné d'un père des deffendeurs de la patrie, lequel est chargé de le surveiller et de sous sa responsabilité personnelle;

LAMBERT, cadet; PHILIPPE; MOREAU; MEUNIER; LEGRAND; MASSON, président; FARIAT le j. (eune)

(Extrait du registre des délib. du com. de surveil. de Provins: sect. du midy, f° 32.)

N° 6.

Du 2e Brumaire : Ordre de mettre en liberté le citoyen Guillaume-Louis Dutillet (cydev. Evêque), détenu (23 octobre 1794).

CONVENTION NATIONALE.

Comité de sureté générale de surveillance de la Convention nationale.

Du deux Brumaire, l'an trois de la République une et indivisible. Vu la réclamation du représentant du peuple Alexandre David et le tableau qui constate un civisme soutenu depuis le commencement de la révolution, le comité arrête que le dit Guillaume-Louis Dutillet, âgé de soixante-cinq ans, détenu à Provins, sera mis sur le champ en liberté et les scellés levés au vu du présent.

Les représentants du peuple :

REVERCHON; GOUPILLEAU de Fontenai; BENTABOLLE; BOURDON de l'Oise; CLAUZEL et REWBEL; MOREAU, président; FARIAT le j.

(Extrait du reg. des délib. du com. de surveil. de Provins; sect. du midy, f° 36.)

N° 7.

Testament de G.-L. du Tillet, évêque d'Orange, du 27 novembre 1794.

Au nom du Père et du Fils et du Saint-Esprit. Ainsi-soit-il.

Dans la fortune dont je jouis, il peut y avoir cent pistoles de rente qui proviennent de ma famille, et de plus le domaine de Blunay. Ces cent pistoles seront déduites sur la masse des rentes qui me sont dues par la nation ou particuliers, pour être partagées entre mes héritiers légitimes. J'ai assuré à mon frère le domaine de Blunay, je lui donne les meubles meublant la maison : lits, tables, commodes, chaises.

Je donne à Gautier d'Orange, demeurant à Blunay, les linges et habits à mon usage.

Je donne le surplus de tout mon bien, rentes, argent, billets, argenterie, dettes actives, aux Directoires des départements dans lesquels se trouvent situées les paroisses qui composaient l'ancien diocèse d'Orange, pour en faire l'usage le plus utile au bien des pauvres, en me recommandant à leurs prières.

Fait à Blunay, ce sept frimaire, an trois de la République française.

Du Tillet-Blunay.

Outre ce testament olographe, qui devait devenir public, M. du Tillet en avait fait un autre secret, le 18 frimaire an III (8 décembre 1794), qui était entre les mains de Jean-Louis Gautier, son fidèle serviteur, et dont la teneur suit d'autre part :

N° 8.

Second testament de Guillaume-Louis Du Tillet, dernier évêque d'Orange, du 8 décembre 1794.

Au nom du Père et du Fils et du Saint-Esprit, Ainsi-soit-il.

Après ma mort, Massé (1) et Gautier (2), ouvriront mon testament et la cassette dont Massé est dépositaire.

Je donne à Massé trois cents livres en louis d'or.

---

(1) Massé faisait valoir comme fermier la petite ferme attenant à la maison d'habitation.

(2) Gautier était, comme on a déjà pu le voir, le fidèle serviteur de M. Du Tillet.

Je donne à Geneviève, ma cuisinière, deux cents livres en louis d'or, en sus de ses gages.

Je donne à Jean-Louis Gautier, ma vasche et mon asne.

Je lui donne pour ses bons soins trois cents livres en louis d'or, et si les mille écus que je lui ai assurés sur la nation n'avaient pas lieu, il peut les reprendre sur le dépôt confié à Massé.

Pendant le cours de ma maladie, je pourrai donner à Gautier une liste de bonnes œuvres auxquelles je destine le reste du dépost, et je nomme mon exécuteur, pour ce testament, le citoyen Michelin père.

Fait à Blunay, ce 18 frimaire, an III de la République française.

Signé :
DUTILLET BLUNAY.

Je prie M. Michelin (1) d'accepter ma montre de Julien Leroy.
21 frimaire (11 décembre 1794).

Signé :
DUTILLET BLUNAY.

Bonnes œuvres recommandées à Jean-Louis Gautier, avec défense de faire connaître les noms :

Aux indigents de Melz et de Blunay, 660 livres.
A ceux de Chalautre-la-Petite, Bouy et Montramé, 575.
Aux indigents de Provins et de Fontaine-Riante, 3,155.
A Gautier, 3,000.
A la citoyenne de M., 300.
Au citoyen L. H., 300.
A la M. d'A., 350.
Aux prisonniers de Provins, 25.
A la M. S. J. 700 (2).
Au citoyen M., 100.
A une R., 25.
Au garde de Montramé, 20.
Au citoyen R., pour ses peines, avis et soins, 400.
A la citoyenne B., 25.
Au citoyen du Tillet de Lunay, en louis d'or, 2,400.

(1) Cette montre est encore aujourd'hui entre les mains de M. Jules Michelin, arrière petit-fils de l'exécuteur testamentaire.

(2) Le couvent de Saint-Jacques de Provins renfermait depuis 3 ans, ainsi qu'on l'a vu page 89, 45 prêtres, tant du département de Seine-et-Marne, que du département d'Indre-et-Loire.

Meaux. — Typ. Ch. Cochet.

TABLE ALPHABÉTIQUE

Pages.

André (St) des Ramières 34
Armoiries des du Tillet 14
Baptême de Guillaume-Louis du Tillet 16, 105
Beauvais (de), évêque de Senez 64
Blunay, domaine de G.-L. du Tillet 79
Bouy, hameau de Chalautre-la-Petite 13
Boussier, curé de N-D. d'Orange 56
Boyer, grand vicaire de M. de Tilly 39
Cathédrale d'Orange 32
Châlons, M. du Tillet, grand vicaire de Châlons 21
Chapelle construite à Blunay 82
Chapitre d'Orange 33
Chasse, passion de G.-L. du Tillet pour la chasse 18
Choiselat, aumônier de l'hôpital de Provins 99
Comité de surveillance de Provins 95
Communautés religieuses d'Orange 33
Coulombeau, régisseur des biens de M. du Tillet . . . 8, 24, 77
David-Delisle, représentant du peuple 95
Dubouchet, représentant du peuple 87
Ecrou de l'emprisonnement de M. du Tillet 106
Enfant au berceau. *Anecdote* 46
États-généraux. M. du Tillet élu député 71
Etienne, curé de N.-D. d'Orange 101
Evêques (les) d'Orange 31
Favier, médecin à Champbenoît 99
Fontainebleau, détention de M. du Tillet 90
Gâteau de Gro-bla. *Anecdote* 47
Gautier, serviteur de M. du Tillet 9, 47, 48, 60
Goupilleau, représentant du peuple 98
Grands vicaires d'Orange 38
Grenoble. Acceptation forcée du siège de Grenoble 67
Hôtel-Dieu de Provins 94
Humilité. *Deux traits d'humilité* de M. du Tillet 59, 60
Incendie des gerbiers 52
Indult du parlement 22
Jacques (St) de Provins 18
Maison de l'Evêque d'Orange 40
Malmaison (la), fief dans le Poitou 13

Pages

Mandement pour les Etats-généraux. 71
Mans (le), refus de ce siège par M. du Tillet. 66
Maure, représentant du peuple 95
Melun, M. du Tillet est détenu. 89
Millet, vicaire de N.-D. d'Orange 9
Montramé (château de). 13
Monument de M. du Tillet, dans la cathédrale d'Orange. . 101
Moreau. *Tempérament*. 87
Mort de M. du Tillet. 100
Orange. Etat du diocése. 31
— Supression du diocèse. 103
— Commission revolutionnaire. 92
Ormesson (d'). Le président au parlement 22
Ouvèze, passage de cette rivière 55
Paris, M. du Tillet refuse ce siège. 66, 84
— Premier voyage en décembre 1790. 82
— Second voyage en 1791 84
Paroisses du diocèse d'Orange. 105
Portrait de M. du Tillet. 37
Poulle (l'abbé de), suppléant pour les Etats-généraux . . . 71
Prisons de Provins 89
Protestants, charité de M. du Tillet à leur égard. 23
Quiriace (St) de Provins, M. du Tillet élu doyen. 26
Rochefoucauld (de la), archevêque de Rouen et de Bourges 23, 23
Rue du Tillet à Orangs 8
Séminaire de St Magloire. 18
Séminaire St Charles d'Avignon. 58
Sépulture de M. du Tillet à Melz. 101
Siret (l'abbé) 94
Loisy (Prieuré de). 17
Stassart (Goswin de) sous-préfet d'Orange 8, 101
Testaments de M. du Tillet 109
Tillet (Jean du), greffier au Parlement. 11
Tillet (Jean du), évêque de Meaux. 12
Tillet (Edouard du), bailli de l'ordre de Malte. 14
Tillet (Madame du), mère de l'évêque d'Orange 16, 29
Tillet (Madame du), sa belle-sœur. 91
Tilly (de), évêque d'Orange 28
Tornac (prieuré de). 21, 22

TABLE DES ATIÈRES

		Pages.
	Dédicace à Mgr l'archevêque d'Avignon	5
	Lettre de l'archevêque d'Avignon à M. Bonnel	6
	Préface	7
I	Maison du Tillet	11
II	Naissance et jeunesse de Guillaume-Louis du Tillet	16
III	Ses premières fonctions ecclésiastiques	21
IV	Sa nomination à l'évêché d'Orange	28
V	Le diocèse d'Orange	31
VI	Arrivée de M. du Tillet à Orange	37
VII	Sa grande charité	42
VIII	Son dévouement dans les calamités publiques	52
IX	Sa piété et son humilité	57
X	Son désintéressement	64
XI	Il est élu député aux Etats-généraux	70
XII	Il quitte Orange et se retire à Blunay	77
XIII	Son arrestation et son emprisonnement	86
XIV	Son retour à Blunay et sa mort	94
	Suppression de l'évêché d'Orange	103

Pièces justificatives.

1.	Acte de baptême de Guillaume-Louis du Tillet	105
2.	Liste des paroisses de l'ancien diocèse d'Orange	105
3.	Acte d'écrou de l'emprisonnement de M. du Tillet	106
4.	Permission accordée, par le Comité révolutionnaire de Provins, à M. du Tillet de se rendre à Blunay pour affaires	107
5.	Arrêté du Comité révolutionnaire de Provins permettant à M. du Tillet d'aller se faire soigner à Blunay	107
6.	Ordre donné par le Comité de sûreté générale de mettre M. du Tillet en liberté	108
7.	Testament de Guillaume-Louis du Tillet du 27 novembre 1794	109
8.	Autre testament de M. du Tillet du 8 décembre 1794	109
	Table alphabétique	111

www.ingramcontent.com/pod-product-compliance
Ingram Content Group UK Ltd.
Pitfield, Milton Keynes, MK11 3LW, UK
UKHW020330180726
13839UKWH00002B/622

9 782329 472812